COURS COMPLET DE PEINTURE A L'HUILE

(*L'Art — La Science — Le Métier du Peintre*)

PAYSAGES

PAR

Ernest HAREUX

Quarante-sept gravures dans le texte. — Seize hors texte.
Six fac-similés en couleurs.

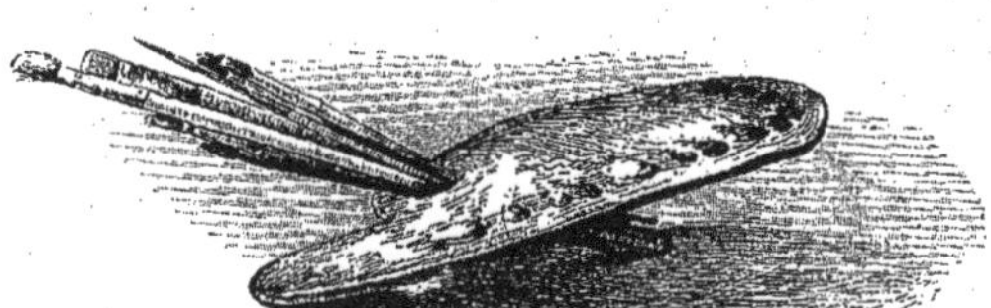

PARIS
LIBRAIRIE RENOUARD — H. LAURENS, ÉDITEUR
6, RUE DE TOURNON, 6

COURS COMPLET DE PEINTURE A L'HUILE

PAYSAGES

COURS COMPLET DE PEINTURE A L'HUILE

L'ART — LA SCIENCE — LE MÉTIER DU PEINTRE

DIVISION DE L'OUVRAGE :

1re PARTIE. — **L'outillage.**

2e PARTIE. — **Natures mortes.**

3e PARTIE. — **Fleurs, Fruits, Légumes et Gibier.**

4e PARTIE. — **Paysages.**

5e PARTIE. — **Marines.**

6e PARTIE. — **Animaux.**

7e PARTIE. — **Figures, Genre, Portraits.**

Chaque partie se vend séparément.

COURS COMPLET DE PEINTURE A L'HUILE

(*L'Art — La Science — Le Métier du Peintre*)

PAYSAGES

PAR

Ernest HAREUX

Quarante-sept gravures dans le texte. — Seize hors texte
Six fac-similés en couleurs.

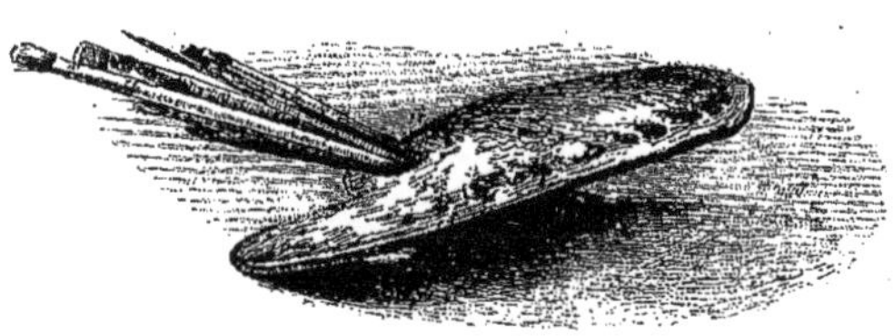

PARIS
LIBRAIRIE RENOUARD — H. LAURENS, ÉDITEUR
6, RUE DE TOURNON, 6

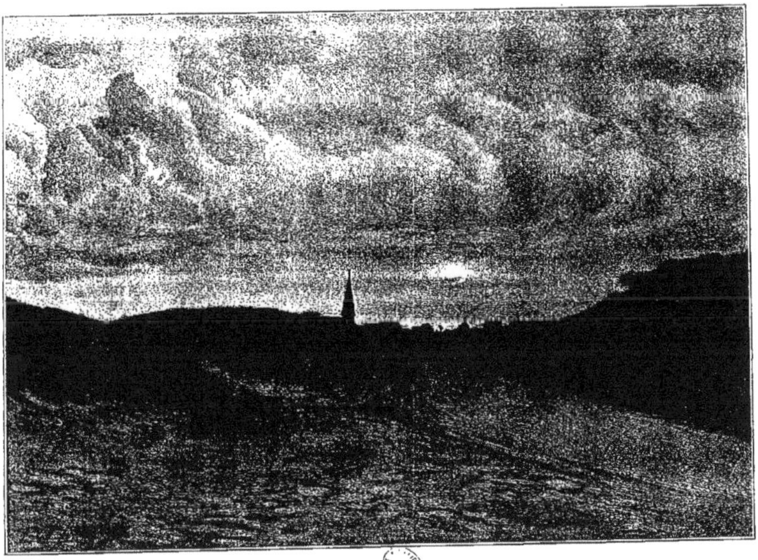

LEVER DE LUNE AU CRÉPUSCULE

COURS COMPLET
DE PEINTURE A L'HUILE

PAYSAGES

Coup d'œil rétrospectif sur l'art du paysage et les paysagistes. — La représentation des aspects de la nature a tenu, de tous temps, une place importante dans la composition des tableaux. Cependant, le paysage ne fut, pendant longtemps, considéré par les peintres que comme un accessoire aux sujets qu'ils traitaient et, le plus souvent, comme un fond harmonieux à leurs tableaux.

Le dix-septième siècle eut la gloire de voir paraître les premiers paysagistes et c'est avec un légitime orgueil que nous avons constaté combien la France, dès cette époque, fut supérieure aux autres nations dans l'art du paysage ; supériorité incontestée qu'elle a d'ailleurs su développer et garder jusqu'à nos jours ; ceci dit sans chauvinisme et tout en reconnaissant le mérite actuel des autres nations, dont nous parlerons plus loin avec l'impartialité qui convient.

L'art du paysage fut comme une révélation ; il enthousiasma presque toutes les écoles de toutes les nations à la même époque.

Parmi les peintres les plus glorieux, il faut placer d'abord le Français Nicolas Poussin (1594 à 1665) et Claude Gelée, dit : « le Lorrain » (1600 à 1682). Les Hollandais comptèrent aussi de grands paysagistes à cette époque, mais la supériorité des Poussin et des Lorrain n'est pas discutable, malgré le talent de Maîtres comme Jacques Ruïsdael, ou Ruysdael, Albert Cuyp, Nicolas Berghem, Minderhout Hobbema, Van der Neer, Frédéric Moucheron, Albert Van Everdingen, et quantité d'autres qu'il faut renoncer à citer.

L'école espagnole ne fut pas en retard, car elle eut à la même époque des paysagistes célèbres, tels que Francisco Collantes, Juan Bautista del Mazo, etc... L'école flamande eut aussi la gloire de compter parmi ses grands artistes, des paysagistes de premier ordre, dès l'an 1600, car Breughel de Velours naquit en 1575 et vécut jusqu'à 1642, prenant une glorieuse part au grand mouvement artistique naissant. A côté de lui, s'illustrèrent : David Teniers (dit le Vieux), Jean Wildens, Jacques Fouquières, Abraham Genoels et le grand peintre Rubens, qui fit de très beaux paysages quoiqu'il fût surtout peintre d'histoire.

L'école allemande était représentée aussi dès 1600 par de grands artistes paysagistes, tels que Adam Elzheimer, Jean-Henri Roos, et Théodore Roos.

Ce n'est que dans la seconde moitié du dix-huitième siècle que naquit l'école anglaise ; mais si elle vint en retard sur les autres nations, elle répara vite le temps perdu en produisant de grands artistes de tout premier ordre, tels que Richard Wilson, Thomas Gainsborough, J. M. W. Turner, John Constable, Augustin Wall Callcott, William Collins, et enfin Bonington qui vécut de 1801 à 1828.

La France et l'Angleterre, au dix-huitième siècle, semblent déjà avoir définitivement surpassé les autres nations par le talent et le nombre de leurs peintres paysagistes. En effet, pendant que les Flamands et les Hollandais s'attardent à continuer les procédés de leurs premiers maîtres et font ce qu'en terme d'atelier on nomme du paysage en chambre, les Français et les Anglais comprennent que la représentation exacte de la nature, peut être plus impressionnante que la nature idéalisée ou prise seulement comme accessoire, ainsi que l'avaient conçu leurs devanciers en créant le paysage historique.

On pourrait nous objecter Rembrandt (1606-1669) Ruysdael, Hobbema et Van der Neer, dont les tableaux représentaient tous la nature réelle et la vie intime des choses. A cela nous allons essayer de répondre :

Rembrandt a certainement compris le paysage, mais il ne s'y est pas assez appliqué ; il l'a peint trop accidentellement pour qu'on puisse parler de lui comme d'un paysagiste. Il a senti ce qu'on pourrait faire dans cette voie, mais il était trop enclin à peindre les scènes d'intérieur où son imagination avait toute liberté d'inventer des effets saisissants, pour s'arrêter longtemps au paysage dont il ne pouvait aimer que les effets violents et passagers. Il n'a pas été un paysagiste comme Poussin ou Claude Lorrain qui étaient des classiques historiques. Il n'a pas été non plus un paysagiste comme ses contemporains Ruysdael, Hobbema et autres ; ce fut un romantique. Il regarda la nature, s'en inspira, mais la voulut voir avec son imagination d'artiste, sa sensation personnelle et la traduisit avec ses moyens, sans autre guide que son génie.

Ruysdael, Hobbema, Van der Neer, furent à leur époque des artistes de grande valeur, mais pour nous qui les jugeons avec une éducation que l'Ecole moderne a transformée, nos préférences vont à Rembrandt. Certes on ne peut nier la valeur, le mérite et la justesse d'observation des compatriotes du peintre de la *Ronde de nuit*, mais à notre époque, nous ne savons plus apprécier le talent patient de ces maîtres qui s'inspiraient surtout de la forme de la nature, de son dessin intime, de ses détails minutieux, sans en comprendre assez la beauté de coloration et la simplicité des ensembles ; ils ont dessiné, ils n'ont pas peint.

Les procédés n'ont presque pas varié comme exécution, mais la manière de comprendre le paysage s'est complètement transformée, les études des peintres du dix-neuvième siècle et leur manière de travailler devant la nature diffèrent totalement de celle de leurs devanciers. Les peintres du dix-septième siècle dessinaient des arbres dans un site, des maisons ou des monuments dans un autre ; ils étudiaient par la forme une montagne, un ruisseau, un rocher, etc., et c'est avec ces matériaux qu'ils composaient chez eux, dans le silence de l'atelier, les intéressants tableaux qu'ils nous ont laissés. Ont-ils peint d'après nature ? on ne le sait plus. Cependant, il est probable, qu'ils ont peint des arbres, des rochers, des moulins, etc., comme ils les ont dessinés, avec l'unique souci d'imitation. Le soin des détails les a occupés avant tout ; ils s'y sont absorbés et n'ont vu que le petit côté de la nature. C'est du moins ce que l'on constate en voyant leurs tableaux. Ce qui nous démontre en effet que ces tabeaux ont été peints à l'atelier avec des documents pris un peu partout et rassemblés ensuite pour les besoins de la composition, c'est qu'on y voit des arbres ou des fonds qui par leurs proportions relatives semblent être à plusieurs kilomètres des premiers plans; et c'est alors que la perspective aérienne exigeait que tous les détails soient simplifiés, que le peintre nous montre toutes les feuilles des arbres, toutes les anfractuosités des rochers, tout enfin, comme si ces arbres et ces rochers étaient placés sur les premiers plans. Cette manière de composer prouve qu'ils n'ont pas vu la nature dans son ensemble, qu'ils n'ont fait que copier des documents étudiés séparément et trop exécutés pour les plans qu'ils indiquent.

Ce n'est donc réellement qu'à la fin du dix-huitième et au commencement du dix-neuvième siècle, que l'art du paysage atteignit toute sa splendeur. Les Anglais eurent J. M. W. Turner de 1775 à 1851, John Constable de 1776 à 1837, William Collins de 1788 à 1847 et le fameux peintre Bonington de 1801 à 1828.

On le voit, l'Angleterre, qui s'était attardée, reprit une éclatante revanche en dépassant à son tour les Flamands, les Hollandais, les Italiens, les Allemands et les Espagnols ; elle se partagea alors avec la France, la gloire de marcher à la tête du mouvement artistique, donnant définitivement la formule d'un art nouveau.

Le dix-neuvième siècle à son début vit naître en France, des artistes qui resteront glorieux à travers les siècles futurs et quelles que soient les transformations que le temps apportera dans la conception des œuvres d'art, des paysagistes, comme Decamps, Rousseau, Millet, Corot, Daubigny, Diaz, Courbet, Chintreuil, et beaucoup d'autres encore, resteront toujours des Maîtres de la plus haute valeur.

Les traditions du paysage historique, créées par Nicolas Poussin et Claude Lorrain, s'étaient continuées en France jusque vers 1824. A cette époque, le célèbre peintre de paysages historiques, Valenciennes (Pierre-Henri) peintre et écrivain, né à Toulouse en 1750, était mort depuis six ans ; mais il avait laissé des élèves de talent qui défendirent encore les traditions de leur maître et dont l'un des plus connus fut Michallon (Achille-Etna), (1796-1822). Cet artiste, mort très jeune, a laissé aussi des toiles telles que : *La mort de Roland à Roncevaux*, *Les ruines du théâtre de Taormina*, et plusieurs autres œuvres remarquables. Il était destiné à conserver en France, longtemps peut-être, les traditions du paysage historique, car son éducation chez Valenciennes, ainsi que le prix de Rome et son séjour obligé en Italie, l'avaient classé comme le continuateur nécessaire de cet art. Mais la mort emporta subitement avec l'artiste, les procédés et les formules qui disparurent définitivement. A nos yeux, le plus grand mérite de Michallon fut d'être un des maîtres et l'ami de Corot.

L'école française, dite de 1830, qui fit tant de bruit dans le monde, consacra définitivement l'art du paysage. Ce fut une révolution complète dans la manière de voir, de sentir et de peindre, et la France artistique comptera parmi ses enfants les plus illustres, ceux que nous venons de citer.

Parmi tant de noms célèbres, Corot apparaît comme le plus grand révolutionnaire. C'est lui qui, par la recherche des valeurs, fit du paysage un art nouveau et quoiqu'il ait été un paysagiste historique ou classique pendant longtemps, que cette éducation ait eu une grande influence sur son œuvre, il n'en est pas moins le père de l'école moderne.

L'art du paysage contemporain. — Depuis la grande époque de 1830, la peinture de paysage s'est développée dans des proportions considérables. Mais l'art en se transformant semble viser moins haut. Ce que l'école actuelle a gagné en fraîcheur de coloration est aussi indéniable que ce qu'elle s'efforce de perdre en hauteur de vue, et le moment est proche où le cerveau de l'artiste deviendra inutile et même gênant, s'il ne se produit pas un grand paysagiste qui amène une réaction.

Les procédés tendent à disparaître avec la science du dessin et les jeunes artistes semblent croire que l'œil suffit à lui seul, qu'il n'a pas besoin du secours du cerveau et de la main, que l'âme de l'artiste est, pour nous servir d'une expression bien moderne, vieux jeu. Le paysage historique était un art qu'on ne peut nier, aussi la vaillante école romantique qui lui a succédé si supérieurement, a-t-elle su reconnaître qu'un idéal était aussi nécessaire à toute conception artistique que le dessin et l'exécution. Tous les paysagistes, depuis le commencement de l'évolution artistique qui détrôna définitivement les

Valenciennes et les Michallon, tous, jusqu'à nos jours, avaient senti la nécessité d'une recherche de lignes, d'un arrangement, et même d'une composition dans les sujets de leurs tableaux. C'est ainsi que : Rousseau, Millet, Courbet, Diaz, Daubigny, Chintreuil, etc..., tout en demandant directement à la nature les sujets de leurs œuvres, en ne peignant leurs tableaux que dehors, *sur nature*, s'efforçaient de la faire cadrer avec un idéal et une recherche de conventions préconçues. Tout en paraissant copier exactement les arbres, les rochers, les buissons, les cascades, etc., leurs tableaux n'en étaient cependant qu'une reproduction châtiée par le goût, l'observation des règles fondamentales et leur idéal d'art, où ils mettaient leur âme et leur cœur.

Nous aurons l'occasion de parler plus loin de l'école impressionniste et de ses qualités indéniables malgré son imperfection actuelle, mais le moment nous semble venu de dire quel rôle néfaste elle a joué jusqu'à ce jour dans notre école. Si le lecteur est partisan de l'impressionnisme, nous allons le rassurer immédiatement en lui disant que nous sommes parmi les plus fervents admirateurs de Manet, de Claude Monet, de Pissaro, de Sisley, etc., quand ils nous montrent des œuvres sérieuses, et qu'en général nous aimons tout ce qu'ils font, mais avec quelques restrictions. Quant au rôle de l'impressionnisme, il a été néfaste. En effet, beaucoup de jeunes peintres se sont imaginés qu'il n'y avait plus besoin d'apprendre à dessiner, à peindre et à composer. Ils ont cru que l'achat d'une boîte à couleurs, beaucoup d'aplomb et une mise excentrique, suffisaient lorsqu'on était initié à la théorie des tons complémentaires et c'est pour cela que nous voyons tant de toiles qu'on ne saurait qualifier. L'impressionnisme a entraîné nombre de jeunes peintres qui n'ont pas su comprendre que les Manet, Pissaro, Claude Monnet, Sisley et d'autres étaient des savants en leur art, qu'ils avaient étudié très consciencieusement les lois et les règles fondamentales avant de s'engager dans la voie de l'impression et qu'ils savaient aussi bien que n'importe qui, dessiner, exécuter et composer. Que s'ils ne le montrent pas, la plupart du temps, c'est qu'ils jugent cela nuisible à l'impression ; s'ils n'exécutent pas, c'est qu'ils ont reconnu que l'exécution fige les choses. L'exécution en effet alourdit les tons, désagrège l'ensemble : elle enlève l'air et la vie.

Est-ce à dire que les impressionnistes ont tort ou raison? — L'un et l'autre. Il ne faut pas tout prendre dans cette école, mais il ne faut pas tout nier. Les artistes chercheurs et réfléchis ont vite compris que si l'ancienne école avait une grande science, la nouvelle école avait une fraîcheur et une vie qu'il fallait lui emprunter. Voilà pourquoi depuis vingt ans, l'école du paysage s'est tant rafraîchie et transformée.

L'impression, c'est la notation rapide d'une sensation. C'est pourquoi, lorsqu'on veut fixer un effet fugitif, l'on est obligé de recourir à des moyens matériels très sommaires, à une sorte de notation mnémotechnique qui est à l'exécution ce que la sténographie est à la calligraphie ; c'est là ce qui a trompé tant de jeunes peintres. Ils ont cru qu'il n'était pas utile de connaître la grammaire et la syntaxe, qu'il suffisait de savoir sténographier ne se doutant pas que les signes de la sténographie expriment toute la science grammaticale. Voilà pourquoi l'école impressionniste a fait beaucoup de mal. Mais voici encore une raison de la plus haute importance et qui a eu une influence extraordinaire sur toute l'école actuelle. L'impressionnisme a rabaissé le niveau intellectuel de l'art. La pensée semble de plus en plus inutile aux artistes dans la conception de leurs tableaux et c'est ainsi qu'on voit des jeunes peintres se placer en face d'un banc de jardin et le peindre du matin au soir de la même place. Ils s'imaginent que la reproduction de ce banc, au soleil, à l'ombre, à la pluie, au soleil levant, au soleil couchant, par toutes les saisons et tous les effets, est l'œuvre d'un artiste et leur idéal ne va pas au delà d'une impression de soleil ou de pluie, bien notée.

L'impressionnisme, considéré comme but, ne peut que rabaisser l'art à la matérialité ; ce qui est contraire à son but, puisque ce but est d'élever les sentiments et d'affiner l'esprit.

Nous insisterons encore pour crier aux jeunes : « Prenez garde ! » Ce n'est pas parce qu'un grand artiste s'est plu à peindre un même sujet pour étudier attentivement toutes ses transformations d'effets, avec une science qui le rend toujours intéressant, qu'il est permis au premier venu d'imiter cette fantaisie. Cela nous remet en mémoire, une époque, déjà lointaine, où le grand peintre Courbet ayant exécuté des marines en se servant uniquement d'un couteau à palette, en place de pinceaux et de brosses, tous les peintres essayèrent d'imiter le maître. Dire ce qu'il en résultât, on le devine facilement, attendu que le peintre de l'*Enterrement à Ornans* n'a pas toujours eu lui-même la main heureuse quand il employait ce bizarre procédé. Nous aurons l'occasion, au cours des démonstrations qui vont suivre, de reparler de ce qui précède, mais nous demandons encore un moment de patience au lecteur pour le mettre en garde contre certaines préventions, ce qu'on nomme le *fini*, et ce qu'on nomme le *lâché*, deux expressions qui sont le plus souvent prises dans un sens tout contraire à ce qu'elles veulent dire.

Le fini. — On croit généralement que le fini, est le précieux de l'exécution, la multiplicité et la minutie des détails. C'est ainsi que des amateurs ignorants qualifient de *bien finie* une œuvre qui en réalité serait à refaire, parce qu'ils voient des détails partout. Ce qu'il convient d'entendre par le fini, c'est l'unité d'une œuvre. Un tableau est bien fini quand toutes les valeurs concourent à un effet d'ensemble juste et que rien ne détonne. Une étude ou un tableau ne sont pas lâchés parce qu'ils ne montrent pas de détails partout. Ils sont lâchés quand les valeurs ne sont pas justes, que le dessin n'en est pas correct quand on n'y sent pas la recherche d'un effet et d'une composition savante.

Encore quelques observations indispensables :

Pourquoi, lorsqu'on regarde une toile de maître, une réelle œuvre d'art, éprouve-t-on un sentiment de bien-être intraduisible, même quand après un examen attentif on a constaté que toutes les parties de l'œuvre ne sont pas exemptes de reproche ? Pourquoi en regardant le tableau d'un peintre de talent qui s'est cependant appliqué à bien faire et y a réussi, n'éprouve-t-on rien de comparable ?

Tout en ne trouvant rien à critiquer dans une œuvre, pourquoi le charme qui parle à l'âme ne s'en dégage-t-il pas ? Est-ce en raison directe de sa perfection ? — Peut-être !

Pourquoi dans l'œuvre d'un jeune artiste d'avenir, mais qui n'est pas encore en possession de son métier, trouve-t-on quelquefois, les mêmes négligences que dans le tableau d'un maître, et pourquoi n'éprouve-t-on pas le même charme ? Pourquoi enfin n'a-t-on pas la même indulgence pour les fautes d'un jeune artiste ?

La réponse est simple et sera vite comprise :

Dans l'œuvre d'un jeune artiste qui ne sait pas son métier, les négligences ne sont, le plus souvent, que de l'ignorance et la gaucherie avec laquelle elles apparaissent aux yeux exercés, n'a rien de comparable aux négligences voulues d'un maître.

L'artiste savant qui néglige à dessein une partie ou un accessoire le fait avec une touche si expérimentée, que ce qu'il ne montre pas y semble visible. C'est le sous-entendu dans la conversation d'un homme d'esprit !..... En peinture, on ne peut pas, comme dans une conversation, observer un silence adroit qui puisse faire croire qu'on sait ce qu'on ne dit pas. Il faut savoir ce qu'on ne veut pas dire, ou bien l'ignorance se trahit. On n'éprouve pas le même charme devant l'œuvre d'un jeune artiste, parce qu'on sent son ignorance et qu'on ne peut admirer ce que l'on songe à corriger. Dans le tableau d'un maître, ce qui nous choque quelquefois au premier abord, nous intéresse ensuite vivement, lorsque nous en avons compris la raison, ou qu'on nous l'a fait comprendre. Voici un exemple : Nous nous souvenons qu'un jour, au début de notre carrière, nous admirions, chez un marchand très connu des artistes, qu'il a beaucoup aimés et soutenus, une très jolie toile de Daubigny. Comme nous paraissions choqué d'une touche sale dans l'ensemble d'un ciel qui était très fin de ton. Ce brave homme nous dit alors : « Méditez cela mon ami, voyez combien cette tache voulue par le maître, est utile à l'ensemble pour le faire paraître fin de ton, » et comme nous ne semblions pas convaincu, il ajouta en cachant la tache : « dites-moi si vous consentiriez à l'enlever. ». Nous restâmes confondu, car en supprimant cette touche d'un ton bien raisonné par le maître, tout le ciel s'alourdissait. Voilà la science de l'artiste ! ce serait de l'enfantillage de penser qu'une tache malheureuse, survenue par hasard dans l'étude d'un débutant, puisse produire l'effet que nous venons de décrire et que le hasard remplace la science. *L'art excuse tout.*

Tout est bien, tout est admissible si l'artiste nous fait éprouver une sensation d'art. Nous le répétons sans cesse, *tous les moyens sont bons, pourvu qu'on arrive au but;* mais il faut bien se pénétrer de cet axiome et ne pas confondre le moyen qui est le métier, avec le but qui est l'art. Ce n'est pas parce qu'on aura accumulé des détails bien exécutés dans un tableau, ni parce qu'on les aura négligés à dessein, qu'on aura fait une œuvre d'art. Toutes ces choses doivent être sous-entendues pour donner l'émotion, car c'est le plus souvent dans ce qu'on ne voit pas que réside tout le charme. Voilà pourquoi il est si difficile de produire une véritable œuvre d'art digne de ce nom.

Comment expliquer à un débutant que c'est ce qu'on ne peut lui faire voir qu'il doit s'appliquer à imiter ?

Il faut avant tout être doué pour devenir un artiste, ou plutôt on naît artiste, et c'est par un travail incessant qu'on arrive à trouver un moyen personnel d'expression. Le métier qu'on enseigne est indispensable à apprendre, mais il est encore plus indispensable et aussi plus difficile de le désapprendre; beaucoup n'y parviennent jamais d'une façon satisfaisante. C'est ce que nous nous efforcerons d'expliquer dans ce qui va suivre.

L'outillage du paysagiste. — La boîte de cinq, ou la boîte de six, dite boîte de campagne, en noyer verni, contenant deux panneaux dans son couvercle, sont celles qui nous paraissent préférables; les autres sont trop petites ou trop grandes et surtout trop lourdes à porter. Les couleurs mères dont la boîte sera garnie sont les mêmes que celles dont nous avons donné les noms aux *Natures mortes*, mais on pourra y ajouter le cinabre vert clair qui est un ton souvent utile, et qui d'ailleurs peut fort bien être composé avec du cadmium clair et du vert émeraude ou du vert véronèse. On pourra aussi ajouter le bleu de Prusse qui, mélangé à la terre de Sienne brûlée donne un vert foncé et chaud très utilisable, sans parler de ceux qu'il produit en le mélangeant aux autres jaunes. La boîte doit être munie aussi d'un couteau à palette de forme truelle, d'un appuie-main brisé, d'un bâton de craie et de quelques fusains. Elle doit en outre contenir une douzaine de brosses plates et courtes de soies, dont quelques-unes plus longues et moins fournies de poil. Les pinceaux de martre sont aussi indispensables et on les choisira de différentes grosseurs mais plats et *en véritable martre*; l'imitation qui se vend moins cher ne peut la remplacer. On aura soin de se procurer également deux pinceaux à filets, semblables à ceux que nous avons conseillé en parlant des natures mortes. Les deux bidons devront contenir, l'un de l'huile de lin clarifiée, l'autre le liquide recommandé pour les natures mortes, composé de trois parties égales, huile de lin, essence de térébenthine et siccatif de Harlem. Il sera souvent utile d'avoir dans la boîte une toute petite bouteille de siccatif pour le cas où l'on aurait à employer des laques pures qui mettent trop de temps à sécher. Les tons composés du second rang de la palette doivent se faire à l'avance et être mis dans de gros tubes qu'on achète vides, chez les marchands de couleurs fines. On achète aussi des tubes plus petits que l'on remplit en puisant dans les gros, selon les besoins, ils sont moins lourds et plus portatifs.

La boîte ainsi complétée, il ne reste plus qu'à la mettre dans un sac d'artiste pour qu'elle soit portative.

Ce sac qui est décrit dans la première partie « *L'Outillage* » est tout ce qu'on a imaginé de plus pratique, parce qu'il permet d'emporter aisément un carton à dessin, des vêtements, différents objets, le miroir noir et cela en laissant toute liberté aux mouvements et en n'embarrassant pas les mains, ce qui est précieux quand on parcourt une nature accidentée. Ainsi muni de ce qu'il faut pour peindre, il sera prudent d'emporter aussi de quoi s'asseoir. Le siège le plus pratique est le pliant à trois branches, avec dessus en cuir, fixé aux branches. C'est le plus solide et le moins encombrant; il est muni d'une petite courroie qui facilite son transport, quand on n'emporte pas le sac. La question du chevalet peut se résoudre de différentes façons; la première c'est qu'on peut fort bien s'en passer lorsqu'on ne peint que des panneaux de la dimension de ceux contenus dnns le couvercle de la boîte. Il suffit pour cela de fixer la boîte ouverte sur ses genoux au moyen de la grande courroie du sac, dite courroie de charge. Voici comment on procède : on ouvre le pliant, on s'asseoit, on pose la boîte sur ses genoux, on l'ouvre, on enlève la palette, on passe la courroie sous ses cuisses pour la faire revenir sur la boîte et on la serre assez fortement pour qu'elle tienne un peu éloignée de soi, sans tomber, ni gêner aucunement, ce qui est simple et facile.

Le second moyen consiste à munir la boîte de pieds en cuivre, dits pieds à rallonges (on trouve cet article en achetant la boîte chez tous les marchands de couleurs.) Ce moyen est assez pratique, mais il coûte dix francs et le poids des tubes de cuivre n'est pas inférieur à celui du chevalet de campagne.

Le troisième moyen c'est l'emploi du chevalet de campagne en noyer huilé; ce chevalet est pratique et permet de peindre des toiles relativement grandes, avec facilité. Toutefois, il n'est pas indispensable, tant qu'on ne peint pas sur un format excédent la toile ou le panneau de six.

Le parasol est l'objet de première nécessité pour le paysagiste qui ne saurait rien faire de bon sans lui, lorsqu'il se trouve obligé de s'installer en plein soleil. Non seulement, l'imprudence de s'installer au soleil pourrait causer de graves accidents à celui qui s'y exposerait, mais le travail ne se ferait pas dans de bonnes conditions, voici pourquoi. Si le soleil frappait sur l'étude, on peindrait tout noir sans s'en douter, croyant toujours peindre avec des tons clairs. Si l'étude se trouvait dans l'ombre et le peintre au soleil, les vêtements éclairés trop vivement, renverraient sur l'étude un reflet qui serait insupportable et rendrait le travail impossible. Il faut donc se munir d'un parasol à inclinaison.

L'inclinaison est une brisure dans le haut qui permet, en renversant le parasol, de s'abriter facilement le matin et le soir, quand les rayons du soleil sont obliques. La pique du parasol sert à le fixer dans le terrain; cette pique doit être choisie brisée, de préférence à tout autre, parce que cela permet de la transporter plus facilement. La pique brisée se dévisse en deux parties, c'est ce qui la rend de dimension transportable sur le sac et dans une malle, pour éviter qu'elle ne soit cassée, en voyage. Il ne reste plus qu'à se munir d'un pincelier à couvercle vissé et à le remplir d'essence pour être complètement équipé.

Le vêtement du paysagiste. — La chemise de flanelle est indispensable et on évitera bien des risques de maladie en garnissant le sac d'un gilet de laine ou d'un tricot que l'on aura soin d'endosser aussitôt qu'on s'installera à l'ombre, après avoir marché. Le paysagiste est souvent exposé à s'enrhumer et ne saurait jamais assez prendre de précautions contre cet inconvénient qui peut avoir les plus graves conséquences, si le peintre n'est pas doué d'une santé excellente. Les guêtres en cuir sont aussi très recommandables pour éviter les ronces et les vipères quand on travaille dans un pays rocheux. Mais une question des plus importantes est celle de la chaussure. Celle-là est de toute première importance et on devra y apporter un grand soin pour éviter bien des maux, tels que rhumes de cerveau, maux de dents, douleurs névralgiques et rhumatismes. Ces derniers surtout sont devenus presque universels ; ils semblent même héréditaires, puisqu'on voit des enfants tout jeunes en être atteints. Mais le peintre paysagiste en est toujours plus ou moins souffrant ; cela fait partie du métier, ce qui ne l'empêche pas de vivre vieux comme on peut le voir par les biographies des Maîtres. Parmi les modernes on a vu Corot mourir à soixante-dix-huit ans, Français à quatre-vingt-un ans, et actuellement, Harpignies qui est octogénaire semble taillé pour aller à la centaine, comme l'espèrent tous ses amis et admirateurs. Pour en revenir à la question des chaussures, nous dirons encore que ce qui est préférable à tout, c'est le sabot. Mais comme on ne peut pas aller loin avec, il n'est pas pratique de s'en munir. On prendra donc des chaussures à fortes semelles, garnies de clous très gros. Une bonne précaution lorsqu'on travaille sur un terrain humide, c'est encore d'avoir toujours dans le sac une petite planche de la même mesure et de la placer sous ses pieds, pendant tout le temps du travail. Les vêtements doivent être de couleur sombre, presque noire. Le drap est préférable à tout. La coupe doit en être raisonnée ; il faut que la veste soit collante et boutonnée jusqu'en haut et qu'elle ait un col un peu large, que l'on puisse relever au besoin contre le froid. Avec cela plusieurs poches solides dans lesquelles on ait en tout temps une pelotte de ficelle un peu forte et un bon couteau, ces deux objets sont indispensables et servent à tout moment pour parfaire l'installation.

Premières études de paysage. — Il est bien rare qu'on s'installe devant la nature pour peindre un paysage sans avoir peint plus ou moins chez soi, en copiant des tableaux ou des gravures. Cependant cela s'est vu. Il y a des jeunes gens qui voulant peindre des paysages et ne connaissant personne qui puisse les initier aux premières notions de cet art, vont se placer en face de la plus grande difficulté sans même se douter que ceci est plus difficile que cela. Ce qui se produit en pareil cas on le devine ? On voit aussi des amateurs faire une photographie, la copier par un dessin fait sur toile et aller se placer ensuite à l'endroit d'où ils ont photographié, pour essayer de mettre les tons de la nature sur leur dessin. Tout cela est inutile et ne peut donner de résultat intéressant, même pour un peintre qui a des années de métier ; voici pourquoi : La photographie déforme ; elle grandit les premiers plans et nous montre des proportions que nos yeux ne peuvent voir. De plus, elle change les valeurs. Chacun sait que le bleu et le violet viennent blanc en photographie, comme le vert, le jaune et le rouge viennent noir. Il s'ensuit qu'une maison peinte en jaune, vue en plein soleil sur un ciel bleu très foncé, quoiqu'elle soit beaucoup plus claire que le ciel, viendra noire sur le cliché photographique pour les raisons que nous venons de donner. On ne devra donc jamais se servir de la photographie, car elle est antiartistique. Voyez d'ailleurs ce qu'en pense notre maître, le paysagiste *Busson* dans la lettre suivante qu'il nous a écrite au sujet des conseils à donner à ceux qui débutent : « Voir la nature sans idées préconçues et surtout éviter *les formules ;* elle est variée à l'infini cette nature et bien que beaucoup d'années me séparent de ma jeunesse, j'éprouve toujours devant elle les plus grandes émotions, c'est toujours avec timidité que je cherche à les affirmer. — Les meilleurs conseils que vous pourriez donner aux jeunes auxquels vous vous adressez, c'est de toujours dessiner avec le plus grand soin, d'éviter la photographie qui enlève toute chaleur au dessin, de ne penser ni à ce qui se fait, ni à ce qui a été fait, de se laisser aller à leurs impressions douces, tendres, fortes, violentes même, selon leur tempérament ; elles sont toutes bonnes quand on est sincère.

« Ch. Busson. »

Ces conseils sont excellents et nous sommes heureux de les donner aux jeunes peintres, comme ils nous ont été donnés à nous-même par le Maître qui en a tant prodigué à toute notre génération.

Nous supposons donc que le lecteur auquel s'adresse ces conseils a déjà beaucoup dessiné et qu'il a peint des natures mortes avant d'essayer de peindre un paysage. S'il en était autrement, il ne pourrait prétendre à un résultat passable, car il y a une manière de procéder pour peindre, qui doit être apprise progressivement et les études de natures mortes sont indispensables à cet effet. Tous les peintres seront de cet avis, et, comme va le dire Victor Binet, le paysagiste si distingué, il faut tout connaître et tout peindre pour être un paysagiste.

Nous citons : « Tu me demandes, mon cher ami, quel est à mon sens la vraie et la plus rapide manière de diriger ses études pour trouver sa voie sans passer des années en études inutiles ; que de choses il faut savoir pour être un bon peintre !

« Étudier les maîtres dans les musées, prendre les conseils d'un artiste de talent pour apprendre les secrets du métier et faire continuellement des études d'après nature. Voilà en un mot la meilleure et la seule méthode pour faire des progrès rapides.

« V. Binet. »

Tous ces conseils ayant été suivis, le peintre ayant appris à connaître l'emploi des outils et sachant faire un ton comme les *Natures mortes* le lui ont appris, le voilà tout équipé et partant pour peindre un paysage. Ce que nous lui conseillerons tout d'abord, c'est de ne prendre *qu'un morceau de nature*, c'est-à-dire un groupe de maisons et un peu de terrain, pas d'arbres de premier plan surtout. Il faut encore attendre avant d'aborder la grande difficulté qui consiste à peindre les arbres et les tons verts en général. En disant *un morceau de nature* nous nous servons d'une expression d'atelier qui veut dire une partie de la nature et qui s'emploie surtout pour dire qu'on ne peint pas un tableau, que le motif ne s'arrange pas avec toutes les règles que l'on devra observer quand on peindra un ensemble faisant motif, ou tableau, que ce n'est qu'un fragment, qu'un morceau.

Tout en réduisant ainsi le choix du premier motif d'étude, cela n'empêche pas que le morceau choisi ne soit agréable. Sans chercher autre chose qu'une silhouette de maisons, un champ nu comme terrain de premier plan, quelques silhouettes d'arbres lointains et un ciel simple, presque sans nuages, on peut encore donner avec ce peu d'élément, un certain intérêt à l'étude qui pourra ne pas manquer de grâce.

Le dessin ci-contre, donne une idée du genre de motif qu'il sera utile de rechercher pour un début; cela est facile car ce motif existe à peu de chose près dans tous les villages. L'installation étant faite convenablement, voici ce qu'il conviendra de faire pour la première séance :

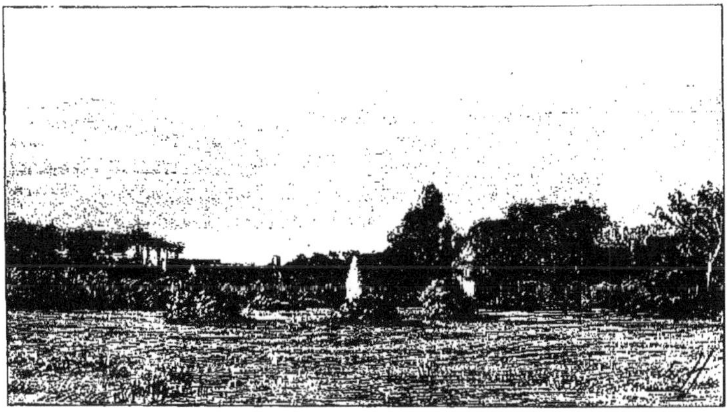

Motif de paysage pour les premières études.

Ayant disposé dans la boite qu'on tient sur les genoux, ou sur le chevalet, un panneau de cinq ou de six apprêté blanc ou gris clair, on dessinera en se servant de craie ou de fusain et en n'appuyant presque pas afin de ne pas salir la préparation. La première règle à observer, c'est que la hauteur de l'horizon se trouve toujours placée au tiers de la hauteur du panneau, soit comme l'indique le dessin numéro 1, soit comme l'indique le dessin numéro 2.

Cette observation est de la plus grande importance pour que l'aspect soit agréable. On sait que la ligne d'horizon se trouve toujours placée à la hauteur de l'œil et ne varie jamais ; si on est debout on a l'horizon plus haut que lorsque l'on se trouve assis sur un siège ; l'horizon descend encore si l'on est assis sur le terrain même. On sait aussi que l'horizon s'élève à mesure qu'on s'élève soi-même puisque la ligne d'horizon ne quitte pas la hauteur des yeux, quel que soit le degré d'élévation où l'on se place.

Or, le dessin n° 1, avec sa ligne d'horizon placée en bas, au tiers de la hauteur du panneau, représente l'horizon normal, celui que l'on voit toujours lorsqu'on est assis sur un siège dans un pays plat. Le dessin n° 2 représente la ligne d'horizon dans un paysage vu d'une hauteur. Pour l'instant, nous ne nous occuperons que de la ligne d'horizon normal, celui qui s'emploie le plus généralement. Dans le paysage qui nous occupe, cette ligne n'est pas visible et nous n'en parlons ici que pour mémoire, puisque nous n'avons aucune ligne de perspective à faire fuir. Néanmoins, il faut toujours commencer la mise en place du dessin en déterminant la ligne d'horizon pour être renseigné sur le point de

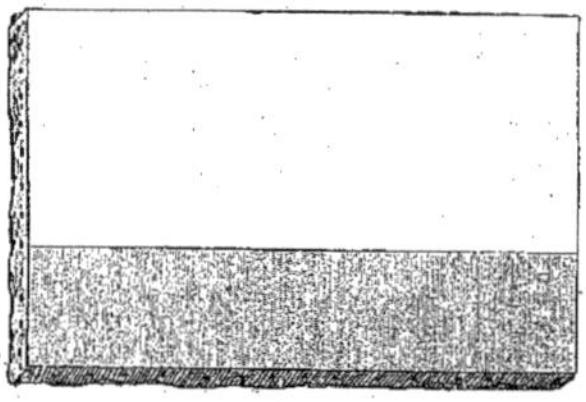

Dessin n° 1.

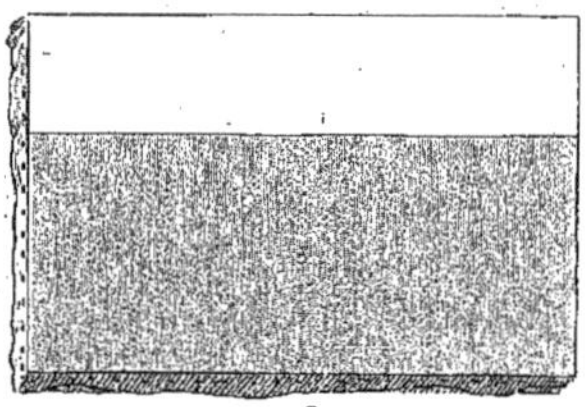

Dessin n° 2.

vue, au point de fuite qui est invariablement fixé sur cette ligne, comme nous l'expliquerons plus loin.

Lorsque les proportions sembleront bien établies, on redessinera plus attentivement encore, en employant le crayon à mine de plomb. Enfin ce dessin terminé, s'il est jugé suffisant, on le repassera à l'encre de Chine, au moyen d'une plume ordinaire ou d'une hampe de pinceau taillé en pointe. Ce dessin à l'encre a une très grande utilité, puisqu'il précise toutes choses, qu'il oblige l'élève à dessiner le mieux possible et qu'il fixe le dessin qui ne pourra plus être effacé, résultat très important, ainsi qu'on le verra par la suite. Ce dessin, s'il a été étudié avec conscience, aura suffi à employer la première séance, qui ne doit pas excéder trois heures. La seconde séance et les suivantes ne devront jamais durer plus de deux heures, pour un effet de soleil, et deux heures et demie, trois heures au plus pour un effet sans soleil (dit effet gris). En n'observant pas cette loi, on s'exposerait à refaire dans la séance suivante des parties qui ne seraient pas éclairées comme il convient et des ombres qui ne seraient pas placées dans la direction voulue.

Seconde séance. — Pendant la durée de la première séance, on aura eu le loisir d'observer à quelle heure exactement la direction des ombres, leur longueur, l'effet général étaient le plus favorable à l'éclairage de l'étude que l'on veut peindre; il conviendra donc de revenir le lendemain, si le temps le permet, en s'installant à la même place, un peu avant l'heure où l'effet désiré doit se produire, pour avoir le temps de se bien préparer.

Si l'effet choisi est le soleil éclairant le motif de gauche à droite, il va sans dire qu'il ne faudrait pas venir travailler à une autre heure que celle à laquelle on a commencé la veille. Pour continuer l'étude, il faut une exactitude rigoureuse et un temps semblable. On ne peut continuer par un temps couvert, une étude qui a été commencée au soleil, à moins que ce ne soit pour la transformer en changeant l'effet, encore cela ne fait-il jamais que du mauvais travail. Après s'être soumis à toutes ces exigences, on procède d'abord en chargeant la palette comme il a été dit dans la deuxième partie « *Les Natures mortes* ». Tous les tons du second rang ne sont pas indispensables ; toutefois, il est bon d'en charger la palette, mais en mettant fort peu de chaque ton. Cette première séance de peinture permettra de juger, par ce qu'on aura employé, quels sont les tons indispensables dont on devra charger la palette dans les séances suivantes. Disons pour n'y plus revenir qu'il est préférable de mettre peu de couleur sur la palette et de refaire toujours une nouvelle palette au moment où l'on se prépare à peindre.

Voici maintenant comment il nous semble préférable de procéder pour cette première séance de peinture. Comme *l'effet juste* est la principale condition d'un bon paysage, c'est à obtenir cette justesse que le peintre doit s'appliquer en tout temps. La justesse d'un effet est soumise à deux conditions : justesse des tons et justesse des valeurs. Nous ne pouvons dissimuler que c'est là la grande difficulté et qu'en s'y appliquant toute sa vie on n'y parvient pas toujours.

L'ébauche à laquelle on doit procéder dans cette séance aura pour but de donner l'effet général tout en conservant les traits du dessin à la plume très apparents, afin que l'on puisse continuer l'étude en sachant toujours bien la place exacte des tons que l'on voudra peindre. Voici comment on procédera : le godet sera abondamment rempli de la mixtion composée des trois liquides : essence, huile, siccatif et les tons seront cherchés, comme si l'on peignait une aquarelle en se servant de cette mixtion comme si elle n'était que de l'eau pure. Il faut s'appliquer à ne pas mettre de blanc dans les tons que l'on emploie. Quand ces tons sont composés avec du blanc, il faut appliquer la couleur très légèrement, de façon à ne pas cacher le trait d'encre du dessin. Cette séance d'ébauche n'a pas pour but de trouver les tons justes, on ne doit pas encore se préoccuper de cela. Ce qu'il est nécessaire de faire, c'est de couvrir la toile d'un frottis qui fasse disparaître le blanc ou le gris clair de la préparation. C'est une sorte de reconnaissance, si l'on peut s'exprimer ainsi, des valeurs et des tons que l'on aura à étudier.

La planche en couleur en deux états, que nous donnons à l'appui de nos explications, indique *l'aspect* que devra avoir l'étude ébauchée à la fin de cette séance.

Troisième séance. — L'ébauche ainsi faite avec peu de couleur et un liquide (ou mixtion) siccatif sera très sèche le lendemain ; elle pourra donc être continuée utilement. C'est ainsi qu'on devra le faire : on commencera par chercher les tons du ciel en procédant de bas en haut, et par touches posées à côté l'une de l'autre. On remarquera que dans tout le bas du ciel, depuis le faîte des arbres du fond, jusqu'à la hauteur du sommet du toit le plus haut, le ciel est plus clair et plus chaud de tons que dans le haut. Il est utile à cet effet de préparer sur la palette plusieurs tons de même valeur pour cette partie du bas du ciel ; on emploie le couteau à palette pour préparer ces mélanges de couleurs et on essaye les tons sur le panneau, à l'aide d'une brosse pour s'assurer de leur valeur et de leurs colorations. Ces tons seront au nombre de trois, un bleu chaud, un bleu froid et un ton rose. Tous les trois seront bien égaux de valeur, c'est-à-dire ni plus foncé, ni plus clair l'un que l'autre, mais d'une coloration différente. Le bleu chaud s'obtient avec du blanc, du cobalt, ou de l'outre-mer. Le bleu froid est composé d'outre-mer, de blanc et de vert émeraude. Le ton rose s'obtient avec du blanc et de l'ocre rouge mélangé du ton bleu chaud.

La touche, ou la facture d'un ciel ne doit pas avoir un sens déterminé ; il faut peindre dans tous les sens et employer peu de pâte ; un ciel peint trop solidement manque toujours d'air et de fluidité. Nous reviendrons longuement sur ce sujet, quand nous parlerons des différents effets du ciel.

Il ne faut pas fondre les tons en les bléreautant ou en les adoucissant avec une brosse sèche, comme font les peintres de tableaux de commerce : cela donne un air commun à la peinture. Les tons doivent se fondre et se dégrader, par une multitude de tons interposés et mis par touches d'un seul coup de brosse. Toutefois, il est bon de fondre légèrement les tons avec la brosse de martre la plus large, que l'on a soin de tenir bien pleine d'essence et que l'on passe très légèrement sur la partie du bas du ciel qui touche l'horizon. Cela fait fuir et détache les arbres qui seront peints ensuite, comme il sera dit plus loin.

On continue l'exécution du ciel en augmentant la valeur des bleus qui doivent toujours être composés de plusieurs tons et tenus un peu plus clairs que la nature ne semble l'indiquer. En terminant, on ajoute quelques touches de bleu plus foncé qui se fondent alors très facilement dans ceux qui sont déjà peints. Les nuages du ciel qui nous occupe ne sont que des petites vapeurs de formes indécises qui s'obtiennent avec du blanc et du noir d'ivoire, ou du noir de pêches, si on en a sur la

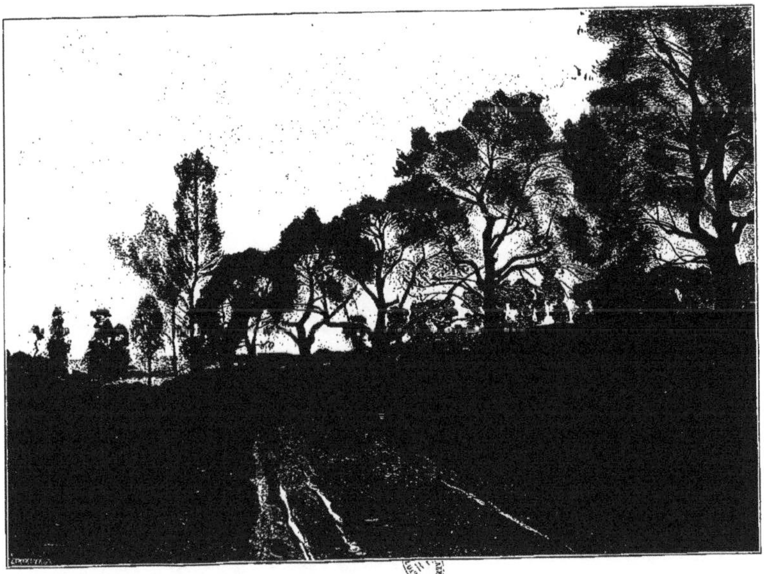

COUCHER DE SOLEIL (LE DESSIN PEINT)

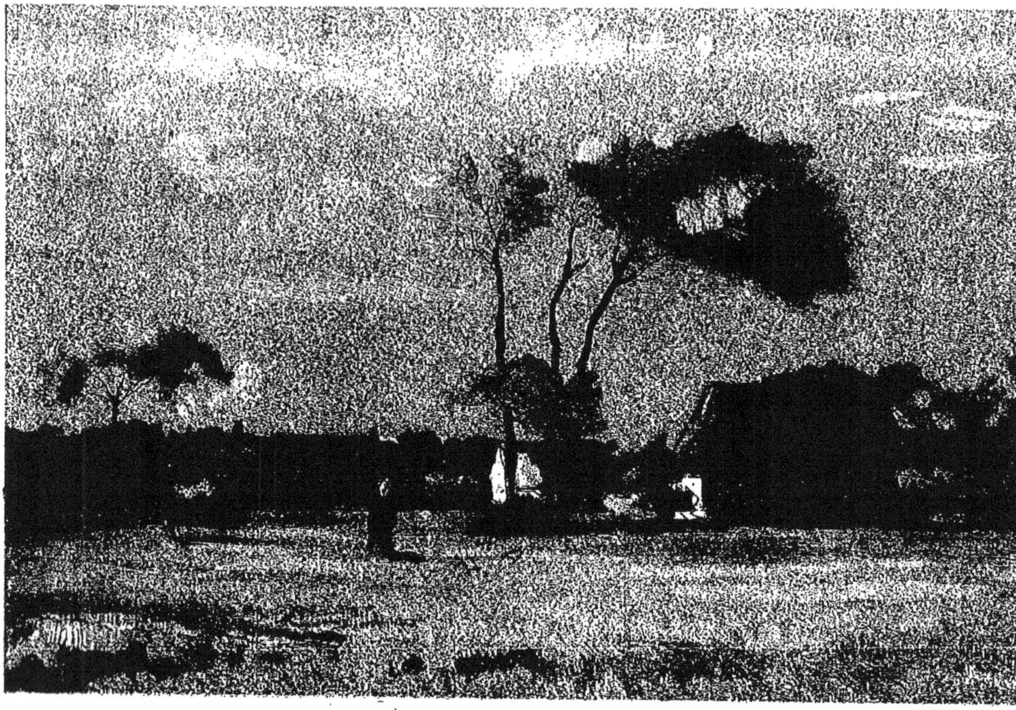

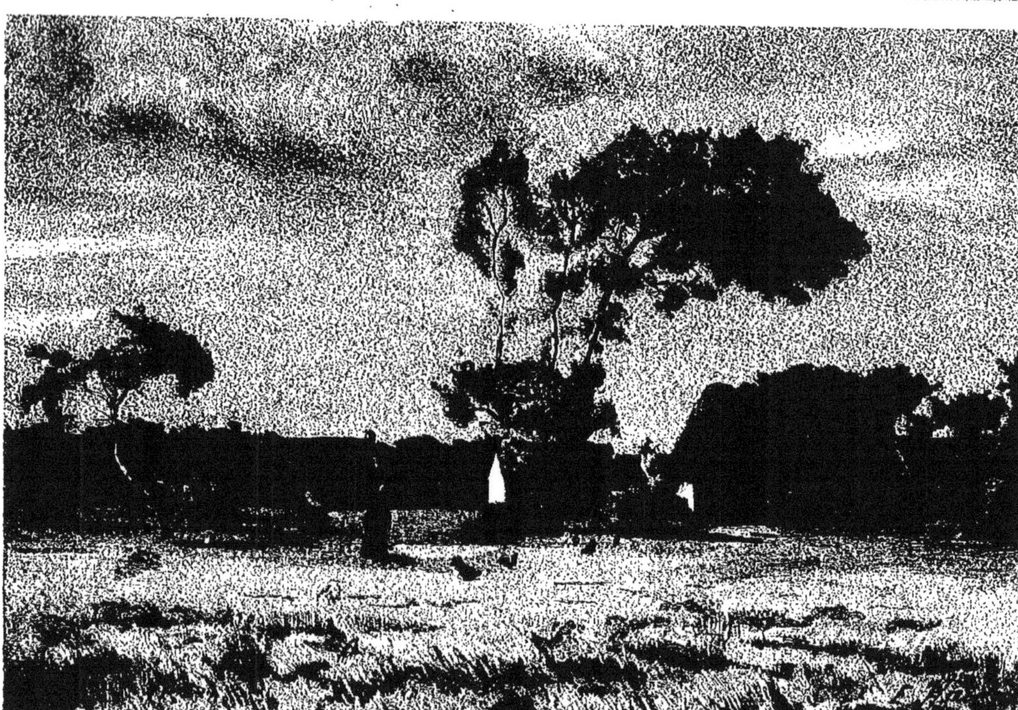

palette. Les lumières des nuages se composent avec de l'ocre rouge et du blanc d'argent (ou de zinc) et de la mine orange ; cela dépend du bleu que l'on a peint. S'il est chaud, le nuage aura besoin d'être plus rouge pour paraître d'une lumière plus chaude s'harmonisant avec l'ensemble ; si au contraire le bleu est froid, c'est-à-dire vert, le blanc mêlé de noir semblera chaud. Ceci prouve donc que tous les tons ne sont que relatifs ; ils ne comptent que selon le rapport des tons entre eux; le même ton de nuage peut, lorsqu'il est peint, paraître chaud ou froid selon la nature du bleu qui est placé à côté. Cette théorie s'applique à tout ce que l'on peint.

Lorsque le ciel semblera terminé, on continuera l'étude en peignant les arbres du fond. Nous n'indiquerons pas avec quels tons et quelles couleurs ces arbres devront être peints. Nous dirons seulement que les derniers plans ont des tons plus bleus, plus gris, plus violets que les premiers. On devra donc employer des tons très neutres pour les exécuter. Il ne faut jamais mettre des tons verts dans les lointains. Lorsqu'un ton de lointain ou de fond semble vert, il faut toujours le comparer à un autre vert plus rapproché du premier plan ; cette comparaison montre immédiatement que le ton qu'on avait cru voir vert, n'est en réalité que gris verdâtre. Il n'y a jamais dans la nature des verts purs, tels qu'ils se trouvent dans les couleurs mères et d'une manière générale, on ne doit jamais pouvoir reconnaître les couleurs de la palette dans une bonne peinture. Ajoutons encore que les tons les plus intenses, ceux qui semblent verts, rouges, jaunes, etc..., se trouvent placés sur les premiers plans et qu'ils se dégradent, deviennent de plus en plus gris à mesure qu'ils s'éloignent, pour devenir tout à fait gris dans les lointains, où ils prennent alors une coloration gris rose, gris bleu, gris violet, etc., selon l'heure, l'effet du ciel et l'état de l'atmosphère.

Les arbres étant d'un feuillage foncé et privé de lumière par l'ombre d'un nuage, sembleront très noirs au débutant. Nous le prévenons que c'est en réalité une valeur un peu violente, mais que si on la compare aux ombres des toits, ou aux ombres des buissons de premier plan, cette valeur perd de sa violence et semble seulement d'un gris bleu, un peu soutenu.

L'étude sera continuée en peignant les toitures des maisons ; c'est toujours par le ton le plus foncé que l'on commencera à peindre ces toitures, puis on y ajoutera la demi-teinte et le ton clair; les parties de plâtre, les portes et les fenêtres seront peintes ensuite, en observant les mêmes règles, l'ombre, la demi-teinte et le clair. Les maisons ou les fabriques, comme on les nommait autrefois, doivent être peintes solidement et des empâtements dans les lumières feront très bien, si on n'en abuse pas.

Les arbres qui se silhouettent sur le ciel devront être peints pendant que ce dernier est frais, afin que les demi-tons se fondent avec les tons du ciel. Voici comment on procédera : à l'aide d'une brosse courte de soies, on fera un frottis foncé en employant un ton gris violet composé de blanc, de noir et de bleu ou de violet, comme le ton foncé du second rang de la palette ; ce frottis qui est destiné à faire les dessous et fondre le bord des arbres sur le ciel, sera plus gris, plus bleu, plus violet, selon la nature de la coloration de l'arbre, c'est une question de discernement de la part de celui qui observe et qui peint.

Lorsque l'arbre est ainsi ébauché, on place les tons verts en commençant toujours par les plus foncés pour finir par les plus clairs. La touche doit varier avec la nature du feuillage de chaque arbre, pour les arbres grêles comme ceux qui nous occupent, la touche doit être petite et papillotante, n'indiquant pas des masses comme les buissons dont nous allons parler plus loin. Les branches des arbres se peignent avec le pinceau à filets quand elles sont petites (nous expliquerons plus loin la manière de peindre le tronc et les grosses branches) ; il faut les exécuter pendant que le ton vert des feuillages est frais, afin que les bords se fondent et qu'on évite facilement les sécheresses. C'est par l'ombre, la demi-teinte et le clair que l'on procède toujours. Nous reviendrons longuement sur la manière de peindre les différentes essences d'arbres. Si tout ce que nous avons recommandé a été bien observé, les deux heures que l'on ne peut dépasser pour la séance d'étude, doivent être écoulées. Il faudra alors serrer le matériel et nettoyer les outils en lavant brosses et pinceaux dans l'essence du pincelier et en les essuyant soigneusement pour que les poils soient toujours bien alignés et que la pointe des pinceaux ne soit pas faussée, s'il en était ainsi cela les rendrait inutilisables. La palette devra être l'objet de soins attentifs et d'une propreté particulière. Les couleurs impures devront être enlevées à l'aide du couteau-truelle et rejetées. Ce qui est préférable à tout, c'est de mettre peu de couleur en chargeant la palette et de jeter ce qui reste dessus quand la séance est terminée. De cette façon, on a toujours des couleurs fraîches, malléables, et l'on peint d'un plus joli ton.

Quatrième séance. — C'est en exécutant les haies et les buissons du second plan que l'on commencera cette dernière séance. Il est indispensable de les peindre en procédant toujours dans le même ordre ; le ton foncé des dessous, la demi-teinte et les tons clairs. Les masses doivent en être d'abord établies bien distinctement, chaque buisson doit se modeler rien que par les masses et les valeurs ; les détails des petites feuilles doivent être très sobres et leurs valeurs bien observées. Si l'on ne suivait pas ces conseils, il ne resterait plus de ressources pour peindre les buissons du premier plan, on ne pourrait plus parvenir à les détacher de ceux du second plan. D'une manière générale, les détails doivent être réservés pour le premier plan et concentrés sur une seule partie pour ne pas disperser l'attention ; ceci est à bien retenir.

Les premiers plans, malgré leur simplicité apparente, n'en sont pas moins très difficiles à exécuter pour les mettre bien dans l'air. Il faut observer une perspective aérienne qui est insaisissable, attendu que pour un œil peu exercé, les tons verts semblent de la même *couleur*, depuis le bas du panneau jusqu'au fond où il touche les buissons. La vérité est que la valeur diffère peu, mais la *couleur* (le ton), est très modifié, car il se décolore et devient de plus en plus gris à mesure qu'il s'éloigne. C'est ce qu'il faut rigoureusement observer pour que le terrain semble s'éloigner. On doit aussi se souvenir de la théorie de Jules Dupré (déjà citée) : « Les tons du ciel doivent se deviner dans les « premiers plans d'un tableau. » C'est en se pénétrant bien de cette loi que l'on peindra des terrains qui seront bien sous le ciel, ajouterons-nous, pour employer une expression de paysagiste.

Pour exécuter le terrain, on doit faire une gamme de tons verts se dégradant du vert coloré, au vert gris, et peindre des bandes horizontales placées à côté l'une de l'autre en réservant le ton le plus coloré, pour le premier plan qui touche le bas du panneau ; ainsi établi, le terrain doit déjà être en perspective et il ne restera plus qu'à exécuter quelques détails ; mais avant cela, il faut encore ajouter quelques tons chauds, de même valeur que les tons verts, afin d'enlever la monotonie.

Si l'on a bien procédé comme il vient d'être dit, c'est ainsi que l'on terminera les terrains : à l'aide d'une brosse plate, un peu rude, on placera le ton foncé des touffes d'herbes, en posant la touche verticalement et de *bas en haut* (ceci a une grande importance). On ajoutera ensuite, avec une autre brosse plus douce, le ton clair des herbes en le posant verticalement de *haut en bas*, et l'on rayera ainsi le terrain dans le sens vertical, sans autre couleur que celle déjà étendue horizontalement. Il faut que la facture verticale soit diminuée de grandeur à mesure que le terrain s'éloigne. Cette facture doit être observée pour les deux tiers environ de la hauteur du terrain ; le reste doit être peint horizontalement. Pour finir et donner plus de brio, on observe bien où sont les accents les plus foncés ; ils sont sous les plus grosses touffes d'herbes généralement. Ces petites notes vigoureuses donnent du relief et de la vie. Enfin la même observation doit être faite pour les notes claires qui sont motivées par des pierres ou des petites feuilles reluisant au soleil, ou bien encore par des herbes sèches ou des branches cassées se trouvant là accidentellement. Il faut aussi observer que la perspective s'obtient en tenant compte de la diminution progressive de l'importance des touffes d'herbes et par la dégradation de la violence des dernières notes claires et foncées.

L'étude que nous venons de faire avec le lecteur, est ce qu'on pouvait choisir de plus simple tout en réunissant déjà les éléments d'un ensemble afin de ne pas ennuyer le débutant qui veut toujours peindre un tableau et ne pas faire des études. En peinture comme en musique, il n'est pas possible d'exécuter un morceau, avant de s'y être préparé, en faisant des gammes. Or, les études, nous le répéterons sans cesse, sont les gammes du peintre, et par études il faut entendre surtout les natures mortes. Le paysagiste devra donc peindre beaucoup de morceaux séparés, tels que ciels, terrains, rochers, troncs d'arbres, buissons, barrières, voitures, brouettes, meules de blé, etc., etc. Ces études, ou ces gammes auront l'avantage de constituer un fond d'atelier, une sorte de bibliothèque dans lequel le peintre puisera toute sa vie. Les renseignements de toute nature que contiendra cette collection seront les outils avec lesquels il composera tous ses tableaux. Nous allons donc continuer nos démonstrations par la manière de peindre chaque chose pour en faire des études, et nous expliquerons ensuite comment on doit faire un tableau, ce qui est le but proposé comme résultat de toutes les études. Nous commencerons donc par le ciel et ses différents effets.

Le ciel bleu avec nuages éclairés de face. — L'étude des nuages exige généralement une rapidité d'exécution très grande ; il faut saisir tout à la fois, leurs formes fantaisistes et changeantes, leur couleur et leur valeur, c'est pour cela qu'on voit si peu de ciels irréprochables, même dans beaucoup de bons tableaux. Pour apprendre plus vite à saisir l'ensemble de la composition d'un ciel et la perspective des nuages, il est indispensable de faire beaucoup de dessins. Ces études de formes se feront sur un papier gris foncé, en employant le fusain et la craie ; ce procédé permet de faire des dessins très modelés qui serviront toujours par la suite.

La perspective des ciels a des lois auxquelles nous ne nous arrêterons pas longuement ici, parce que des démonstrations seraient indispensables et nous obligeraient à traiter une question qui est en dehors de notre sujet ; d'ailleurs le lecteur trouvera des traités de perspective dans lesquels cette question est approfondie. Toutefois nous voulons donner ici un moyen très simple et très élémentaire, qui consiste à dessiner les nuages en perspective, sans avoir recours à aucune opération de perspective. Il faut d'abord observer que les masses de nuages se rapetissent en s'éloignant ainsi que tout ce qui se présente à nos yeux, mais ce qui donne surtout la perspective, c'est la simplification des détails dans la forme du dessous des nuages.

Le dessin ci-contre montre que les masses les plus rapprochées sont toutes frangées en dessous, que ces franges diminuent à mesure que les nuages sont plus éloignés, et enfin que, plus ils se rapprochent de la ligne d'horizon plus ils sont simples en dessous et ne forment qu'une ligne droite presque horizontale. Cette horizontalité s'observe toujours dans les dessous des nuages quelle que soit l'heure et l'effet d'un ciel. Lorsqu'on veut peindre un effet de ciel nuageux avec le soleil éclairant les nuages de face, il faut employer une toile ou un panneau apprêté clair, gris ou blanc pur, afin que les tons frais et délicats ne noircissent pas ; le bleu devient facilement jaune et vert et pour éviter cela,

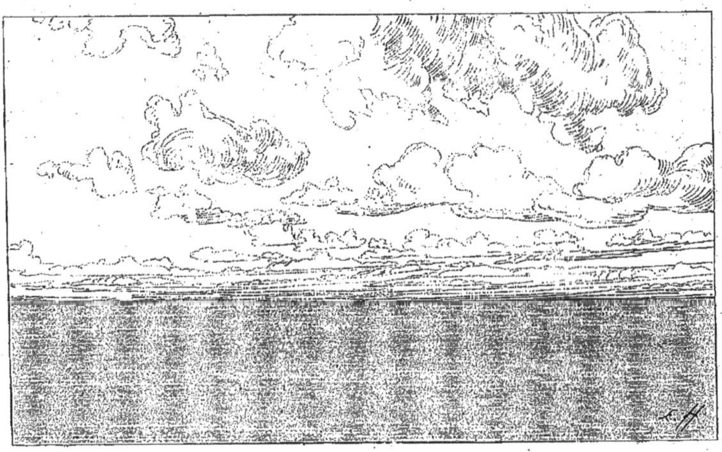

Lignes perspectives des nuages.

il est urgent de n'employer que le blanc de zinc, surtout si l'on se sert du bleu de Prusse pour les bleus si fins qui s'observent dans le bas des ciels. Le blanc d'argent, le blanc de zinc et les tons clairs au second rang de la palette, doivent être très malléables ; il est nécessaire à cet effet de les rendre plus liquides en leur ajoutant, avec l'aide du couteau à palette, quelques gouttes d'huile de lin.

Tout étant bien préparé, on trace rapidement la forme générale des nuages, à l'aide d'un bâton de craie et quand la disposition des masses semble faire un ensemble agréable, on peint les nuages en plaçant les tons foncés d'abord, les demi-teintes et les tons blanc-jaune qui sont si beaux dans cet effet. Il ne faut pas modeler immédiatement chaque nuage, on doit seulement poser les tons pour échantillonner les valeurs et pouvoir saisir rapidement un ensemble. Par le temps le plus calme et quelle que soit la rapidité avec laquelle on aura procédé à cette préparation, il est certain que les nuages se seront déplacés et que le dessin des lignes d'ensemble n'existera plus. Ceci est prévu et on ne s'en préoccupera aucunement. On s'inspirera seulement des nuages qui sembleront se rapprocher de la forme de ceux que l'on a indiqué et on en copiera la forme et le modelé, le plus exactement possible, tout en respectant les contours ébauchés, afin de ne pas déranger la composition de l'ensemble.

Quand les nuages sembleront satisfaisants, on placera les tons bleus,

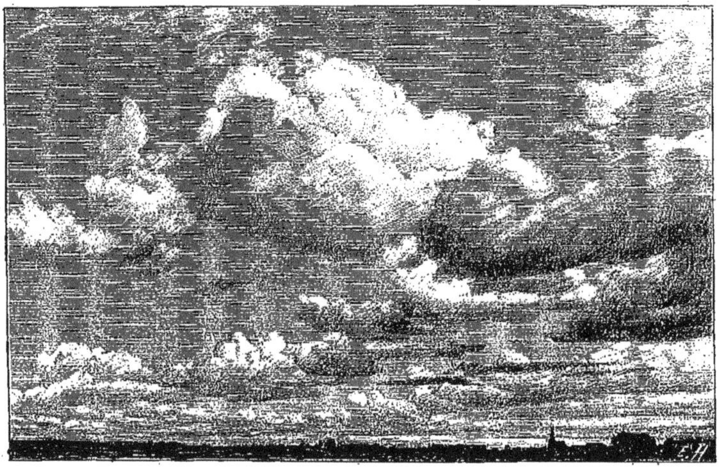

L'étude d'un ciel.

en mettant peu de couleur, et en tenant bien compte des valeurs. Si, n'observant pas exactement ce qui vient d'être dit, on commençait par les tons bleus, on ne parviendrait jamais à obtenir la fraîcheur et l'éclat des nuages. Pour bien exécuter les nuages, il faut des brosses plates très douces et des pinceaux de martre plats de différentes grosseurs, surtout pour les petits nuages du bas qui ont une forme très arrêtée et une finesse de dessin que la brosse ne pourrait faire obtenir. Quand le ciel semble terminé, on ajoute encore beaucoup de perspective, en adoucissant le bas du ciel avec la brosse de martre la plus large, que l'on passe légèrement, ainsi que cela a été dit déjà. D'une manière absolue, on ne doit pas empâter les ciels, sous peine de les rendre lourds; il faut toujours penser que, même par les temps orageux, les plus gros cumulus, qui semblent si lourds, ne sont en réalité que des vapeurs impalpables qui flottent dans l'air. Si, oublieux de ces conseils, on plaçait des empâtements dans les nuages, on obtiendrait des rochers suspendus en place de vapeurs légères et l'on resterait sans ressources pour donner de la solidité aux terrains et aux arbres.

Courbet, à ce qu'on assure, avait un jour peint un ciel nuageux tellement empâté, qu'il fut obligé de continuer la progression des empâtements dans tout le paysage et quand il en vint à l'exécution des premiers plans, l'épaisseur de la pâte était telle, qu'il y enfonça des graviers et des petites pierres naturelles sur lesquelles il peignit pour les mettre en valeur. Cette fantaisie donnait l'impression de l'esquisse d'un panorama, mais elle ne pouvait pas prétendre à être une œuvre d'art, en raison même du côté trompe l'œil que le peintre avait réalisé ; le trompe-l'œil étant matériel, il est l'opposé de l'art, comme chacun le sait.

Ciel bleu et nuages éclairés à contre-jour. — Nous ne répéterons pas tout ce qui a été dit plus haut concernant le dessin d'un ciel et l'ébauche des tons, c'est toujours le même procédé qu'il faudra employer. Cependant il peut être préférable pour le bien de l'exécution de peindre les parties foncées des nuages seulement et de placer ensuite les bleus de la voûte céleste. En commençant par le bas du ciel et en augmentant les valeurs des bleus jusqu'au haut du panneau, on aura soin de réserver le ton clair de la préparation autour des nuages, c'est ce qui donnera déjà l'effet en les auréolant d'une lumière provisoire.

On terminera cette étude de ciel par les lumières des nuages, en s'efforçant de trouver le ton juste sans avoir recours au blanc pur et en dessinant avec le pinceau la forme de chaque nuage aussi juste que possible. Il est à remarquer aussi que ces lumières se colorent de plus en plus à mesure qu'elles s'éloignent du zénith pour se rapprocher de l'horizon.

Le ciel, nous ne cesserons de le dire, a un rôle considérable dans un tableau et peut le faire valoir ou lui nuire irrémédiablement. Dans un ciel nuageux, on peut trouver aisément le motif d'un tableau. Courbet l'a prouvé, en peignant des marines où le ciel à lui seul était le motif du tableau ; tout le reste, traité très simplement, ne servait en réalité qu'à accompagner les nuages, et l'ensemble en était superbe. Jules Dupré a toujours attaché une très grande importance aux ciels de ses tableaux et il en a fait de merveilleux dont l'un est resté célèbre. C'est celui qu'il peignit dans le tableau intitulé : *La Vallée de Southampton* et qui fut adjugé à la vente Laurent Richard au joli prix de 42 000 francs, vers l'année 1872.

Le ciel éclairé à contre-jour ; temps orageux. — Les études de ciels, quel que soit leur genre d'effet doivent se peindre le plus rapidement possible à cause de leur mobilité. Il est donc nécessaire, lorsqu'on n'a pas une grande habitude de peindre, d'après nature, de n'employer que de très petits formats, afin de couvrir plus vivement leur surface. Ce n'est que plus tard, lorsqu'on aura acquis plus de pratique, qu'il sera possible d'agrandir les proportions des études, si on le juge à propos. Une chose digne de remarque, c'est qu'à mesure qu'on devient plus habile par la pratique et plus savant par les observations, on éprouve le besoin de diminuer le format des études, au lieu de l'augmenter. Cela tient à ce que l'on sait faire tenir beaucoup plus de choses dans un petit espace et que l'on a reconnu qu'on pouvait noter plus de formes et de tons, en peignant très rapidement. L'impression est si fugitive, les effets se multiplient si rapidement dans le ciel que, même en se servant d'un tout petit panneau, dit panneau de 1, on ne parvient jamais à tout noter, sans que l'effet ait changé. Il est donc compréhensible que si l'on emploie un format au-dessus, sans être très habile à exécuter, il y a beaucoup de chances pour qu'on ne réussisse pas. Le temps matériel de couvrir une grande surface, oblige l'observateur à laisser passer quantité de jolis tons et de formes pittoresques sans pouvoir les noter; on évitera ces regrets en peignant de petites études.

Le temps orageux est, pour le paysagiste, une source inépuisable de sujets de tableaux. Les effets du ciel se multipliant avec la rapidité et la variété d'un kaléidoscope, on ne se lasse pas d'observer et de peindre. Par les temps orageux, en ne peignant que de petits panneaux, l'on peut, sans changer de place, peindre plusieurs études dans une séance de deux ou trois heures et ces documents sont indispensables quand on est devenu assez savant pour peindre des tableaux à l'atelier.

Pour peindre un ciel orageux, on procède toujours comme il a été dit dans les chapitres précédents. Ce qui diffère c'est la manière de peindre pour obtenir les rayons transparents qui sont projetés par le soleil passant dans les trouées des nuages.

Pour obtenir ces rayons qu'on nomme des gloires et qu'en sculpture on emploie pour la décoration des monuments religieux, voici comment procèdera le peintre :

Le panneau doit être préparé *maigre*, c'est-à-dire avec une couche de peinture que l'on nomme impression et qui, avec l'essence de térébenthine, ne contient que quelques gouttes d'huile. Si on a employé comme liquide l'essence pure pour ébaucher l'ensemble, l'apprêt *maigre* de la toile ou du panneau dont on se sert aura absorbé suffisamment le liquide de la couleur que l'on vient de poser et le tout sera assez *pris* pour que l'on puisse remettre un ton transparent sans effacer les formes de nuages. Cette opération, qui demande une longue explication pour la décrire, n'est pas très difficile en pratique. Ce n'est, en réalité, qu'un tour de main à donner habilement; on y réussira vite après quelques essais. Voici comment on y parvient :

Après avoir préparé le ton argenté du rayon de lumière, on prend un pinceau de martre plat rempli d'essence et on s'en sert pour détremper le ton du rayon. Quand il semble bien liquide, on épure le pinceau pour qu'il contienne peu de couleur et on peint le rayon, en l'appliquant d'un seul coup donné bien dans la direction voulue. Comme la couleur est très liquide, elle glace sans effacer et la transparence est obtenue. Il ne faut pas s'y reprendre à deux fois ; si l'on recommençait, le ton se salirait et le second coup enlèverait les dessous ; il vaut mieux dans ce cas ne pas corriger le dessin et conserver le ton. Les lumières suffisent quelquefois aussi, lorsqu'elles sont placées et mises un peu en pâte, pour obtenir l'effet des rayons ; avec une brosse plate, peu fournie, on imite ces projections lumineuses en appliquant les soies sur le ton clair et en traînant la brosse de haut en bas dans le sens du rayonnement. Lorsque les rayons sont très éclatants et qu'ils viennent éclairer les premiers ou les seconds plans d'un paysage, s'ils ont une grande importance, voici comment on les obtient. On laisse sécher le ciel pendant quelques jours puis on passe un peu d'huile de lin à la place où doit se peindre le rayon ; cette opération se fait à l'aide d'une brosse que l'on trempe légèrement dans l'huile ; on essuie après avec un chiffon pour qu'il ne reste presque rien, mais que la partie soit seulement un peu grasse.

Pour appliquer le rayon, voici ce qu'il convient de faire. Le ton étant préparé sur la palette, on prend une large brosse plate, courte de soies, on touche à peine le ton et l'on frotte ensuite la brosse sur la palette pour qu'elle soit imprégnée du ton entièrement, c'est alors que l'on traîne la brosse dans le sens des rayons que l'on a huilés. Le succès est certain au premier essai, à la condition *sine qua non*, de ne pas mettre le moindre liquide dans la brosse, c'est ce qui s'appelle employer la couleur à sec. On peut se servir d'une règle pour guider la brosse, quand on veut obtenir des rayons très grands et d'une rigidité parfaite. Nous ajouterons encore qu'il est indispensable de donner le coup de brosse, en partant du foyer de la lumière pour descendre jusque sur les terrains si cela est jugé nécessaire. Nous avons donné ici ce dernier moyen d'obtenir les rayons lumineux pour ne plus revenir sur cette question ; mais il aurait dû se trouver plus loin, quand nous donnerons des conseils sur la manière de faire un tableau, puisqu'en ce moment, nous ne faisons que la description des moyens de faire des études de ciels, peints du premier coup et qu'on ne prépare pas l'étude pour y revenir plus tard.

Ciel du matin ; soleil levant ; disque dans la toile. — L'effet de soleil dans la toile peut être tenté avec succès quoi qu'en pensent certains critiques, qui, ne connaissant pas les lois de l'harmonie picturale et la science des valeurs et des tons complémentaires, s'en tiennent à une opinion préconçue, disant que les couleurs dont dispose le peintre sont trop ternes pour qu'il prétende donner l'éclat de la lumière. Ils sont dans l'erreur.

Tous les grands paysagistes ont peint le soleil dans la toile et l'ont rendu suffisamment lumineux pour que l'on ne songe pas à demander plus d'éclat. Claude Lorrain, Rembrandt, Joseph Vernet, Rousseau, Daubigny et beaucoup de nos contemporains, tels que Claude Monet, Pissaro et d'autres, nous ont prouvé que le peintre possède sur sa palette des éléments assez puissants pour tout tenter et qu'il peut y prétendre, s'il possède la science suffisante.

Les études du soleil levant sont pénibles à faire, il faut, pour se lever de grand matin, posséder une santé et une force physique, doublées d'une volonté constante, toutes choses qui ne sont pas toujours à la portée des artistes les mieux intentionnés. C'est surtout pour cette raison que l'on peint davantage à d'autres heures. Cependant tous les peintres sont unanimes à reconnaître que les effets du matin sont beaucoup plus poétiques que ceux de la journée, et Corot l'avait si bien compris qu'il se levait avec le jour et partait au travail avant que le soleil ne fut visible.

Pour peindre le soleil dans la toile, il faut préparer la palette avant l'heure de l'effet, en composant des gammes de tons à l'avance. Le temps de l'étude ne dure que quelques minutes et, si l'on n'est pas très entraîné on ne peut espérer y parvenir convenablement. C'est pour cela qu'il est utile d'avoir à sa disposition une palette chargée de tons, qui, se rapprochant beaucoup des tons justes, sont d'un emploi facile et aident à la rapidité de l'exécution. On ne peut songer à composer ainsi la palette si l'on n'a pas déjà observé attentivement les colorations du soleil et du ciel au lever du soleil. C'est pour cela que nous conseillons au débutant d'aller observer d'abord et de ne pas peindre dans la première séance. Le mieux, c'est de n'emporter qu'un crayon et un album et d'écrire ses impressions pour les retrouver plus tard. Voici comment il faudra procéder :

Le disque sera dessiné et portera un numéro ; le 1 par exemple, puis des cercles qui iront en s'agrandissant à mesure qu'ils s'éloigneront du centre, porteront des numéros également, tels 2, 3, 4, 5, 6, etc... Si la diversité des tons l'exige on pourra encore tracer des lignes horizontales dans le bas du ciel pour leur donner aussi des numéros de repère. L'album ayant été ouvert entièrement on dessinera sur la feuille de gauche et sur celle de droite, en consignant chaque ton avec son numéro correspondant au dessin. Cette manière de procéder a été très employée par les maîtres, depuis Claude Lorrain jusqu'à Eugène Delacroix, Henri Regnault et de plus modernes encore. Avec l'habitude qui vient vite, on arrive à noter justement et à écrire des ciels et tous les effets généralement, de façon à pouvoir les peindre de souvenir très supérieurement, si l'on a quelque peu la mémoire de la couleur, que cette gymnastique mentale développe rapidement. Nous ne dirons pas avec quels tons doivent se composer les gammes de jaunes et de gris-violets qui sont nécessaires pour peindre cet effet qui varie à l'infini, mais nous ajouterons que la facture générale d'un ciel sans nuages, doit être rayonnante et que tous les rayons doivent converger au centre lumineux pour

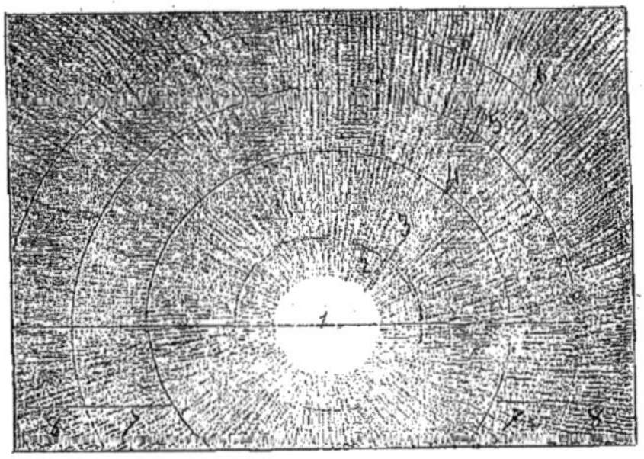

Notation d'un ciel avec le soleil dans la toile.

produire illusion et lumière. Le dessin ci-contre montre comment on devra poser les touches en peignant.

Ciel nuageux (effet gris lumineux à contre-jour). — Les dessins au fusain permettent de saisir rapidement les lignes générales d'un ciel ; avec un peu d'habitude, on peut même dessiner et modeler très finement les formes des nuages, c'est donc un moyen bon à utiliser. Mais comme il a été dit dans le précédent chapitre, le moyen le plus pratique à employer, c'est le croquis rapide (assez semblable aux cartes de géographie) avec des numéros correspondants ou des signes particuliers, ainsi que beaucoup de peintres l'ont adopté pour aller plus vite. Voici un exemple et un dessin.

Les tons bleus de la voûte céleste sont désignés par les lettres B. Vi dans le haut, cela veut dire bleu violet : plus bas, les lettres B. C. veulent dire bleu colbalt et le trait d'union qui relie le signe V.-R. veut dire violet et rouge. Plus bas B. V. dit bleu vert et G. V. j. dit gris, vert-jaune. Les nuages marqués par places G.Vi signifient gris violet G. Vi. F. dit gris violet foncé, etc. Il est facile d'apprendre ces signes, mais on peut adopter une autre sténographie ; tous les signes sont bons pourvu qu'on les reconnaisse facilement. La même notation se fait avec le pastel en ne posant qu'une touche de chaque ton et en écrivant des notes complémentaires ; c'est aussi un très bon moyen.

Quand on sera plus familiarisé avec la nature, on pourra faire des pastels très étudiés pour noter et peindre les ciels ; ce moyen qui est plus rapide que la peinture à l'huile, offre aussi l'avantage de faire obtenir une grande fraîcheur de colorations. Il est donc nécessaire de

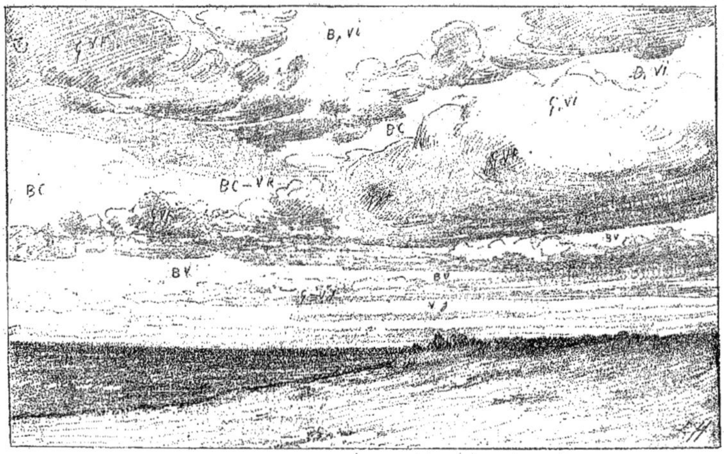

Moyen employé pour noter les tons d'un ciel.

l'employer pour se contraindre à chercher avec les couleurs à l'huile, les qualités de coloration et de fraîcheur que donne le pastel.

Pour revenir à nos conseils sur la manière de peindre des ciels nuageux, par un effet gris lumineux, nous dirons tout d'abord que les effets gris varient à l'infini, comme chacun sait, et qu'il n'y a pas de méthode générale pour les peindre. Chaque effet impressionne d'une façon différente l'artiste qui observe et qui sent; la disposition d'esprit est aussi particulière devant les différents effets et c'est à bien rendre ce que l'on ressent qu'il faut s'appliquer. Il faut donc avant tout être doué, ressentir, comprendre, éprouver des sensations, autrement on ne ferait rien d'artistique.

Une chose dont on n'est pas toujours suffisamment pénétré, c'est que le métier (l'adresse de main) n'a rien de commun avec l'art; qu'une œuvre d'art peut être mal exécutée et rester quand même une œuvre d'art. Si l'impression a été vivement éprouvée par l'artiste, il l'aura traduite de façon compréhensible et les naïvetés ou les gaucheries d'exécution n'en seront que plus intéressantes pour les dilettantes.

Jules Dupré disait un jour à une élève débutante, très bien organisée pour faire de la peinture, pendant qu'elle lui montrait ses études : « Vous avez, Madame, une qualité que je voudrais bien posséder », comme la dame écoutait surprise, le Maître ajouta : « C'est la naïveté, prenez garde de la perdre, car vous ne la retrouveriez jamais. » Donc, peu importe l'exécution, c'est la sensation qu'il faut faire éprouver aux spectateurs. Les moyens que nous donnons ne s'adressent qu'aux débutants ou aux peintres qui voudraient les essayer à titre de curiosité; ils pourront modifier ce qu'ils voudront, prendre et laisser, ou ajouter.

C'est un moyen et pas autre chose.

Nous supposons que l'élève se disposant à peindre l'effet gris lumineux, a préparé tout ce qui lui sera nécessaire, ainsi que nous l'avons recommandé dans les principaux chapitres. Si la préparation du panneau est blanche ou gris-clair, voici comment il devra peindre :

Préparer sur la palette, des tons gris de différentes valeurs et des tons de lumières, variant de colorations et de valeurs.

N'employer comme liquide que l'essence pure. Commencer par peindre (par un frottis) les lointains (ou l'horizon) pour avoir un point de départ et une vigueur qu'on ne devra pas égaler dans le ciel.

Lorsque toutes ces dispositions seront prises et que les principales masses des nuages seront indiquées au crayon à mine de plomb, on ébauchera en se servant de la couleur très liquide et on procédera par des tons mis à plat, sans les fondre. Par exemple, pour tous les nuages du fond qui seront presque de même valeur, on posera un ton unique, bien en valeur, puis on ébauchera de la même façon, les nuages du dessus qui sont plus foncés. Pour cette partie, on aura soin de réserver le fond du panneau qui par sa couleur gris-clair ou blanc aidera à modeler provisoirement. Enfin on placera les tons gris plus foncés et plus chauds qui se trouvent dans le haut. Reprenant ensuite le ciel par le milieu, on se rendra compte de l'endroit où se trouve la plus grande lumière, c'est-à-dire le nuage le plus blanc; on peindra cette lumière et successivement toutes les autres, en ayant soin d'observer la dégradation des valeurs. Les trouées bleues se peindront ensuite en comparant leur degré de valeur par rapport aux gris des nuages. (Le miroir noir est très utile pour renseigner sur la valeur de ces bleus lorsqu'on se trouve hésitant.) Enfin, c'est par les lumières des nuages du bas, ou de derniers plans, que le ciel se terminera. On aura soin de dessiner le plus exactement possible les formes de ces lumières qui silhouettent et donnent du caractère aux nuages. Une brosse bien douce ou un large pinceau sont indispensables pour peindre tout le ciel; les pinceaux plats et un peu longs de poils sont préférables pour dessiner les lumières.

Il peut arriver aussi que se trouvant pris au dépourvu, on n'ait sous la main qu'une toile ou un panneau apprêté foncé; dans ce cas, c'est par l'application des lumières que l'on commencerait l'étude, en la continuant par les demi-teintes et les gris les plus foncés. On peut peindre à plat toute une partie de lumière et y ajouter ensuite des gris foncés qui se modèlent facilement dans la pâte fraîche. C'est un très bon procédé, mais il faut bien calculer la valeur de la lumière avant de la poser et la mettre moins claire qu'on ne la voit, afin de remettre ensuite quelques parties plus lumineuses si cela est utile.

La préparation foncée est très séduisante attendu qu'elle aide à trouver les valeurs et qu'elle facilite la rapidité d'exécution, mais elle a l'inconvénient de faire noircir les études, si on n'a pas la précaution de peindre avec une pâte très épaisse.

L'emploi d'une préparation foncée est très utile pour peindre les couchers de soleil et les effets de lune.

Effet d'orage; ciel et paysage. — Le ciel d'orage peut à lui seul faire l'objet ou le motif d'un tableau. Les effets en sont si imprévus et si pittoresques, qu'on ne regarde plus le paysage, lorsque le temps nous annonce l'orage. Les nuages se précipitent, se transforment avec une rapidité surprenante et il faut posséder une grande habitude de peindre des pochades pour arriver à noter un tel effet.

Cependant ce n'est pas impossible et, dût-on ne pas réussir, il faut essayer de peindre quand cet effet se produit, car, quelque soit le résultat obtenu, il y aura toujours dans une étude faite d'après nature des renseignements utilisables un jour ou l'autre. Il n'est pas toujours facile de trouver un endroit pour se placer, d'où l'on puisse voir une grande étendue de ciel et des terrains intéressants, tout en étant bien abrité de la pluie. Comme on est d'ailleurs généralement surpris par l'orage on se place où l'on peut lorsqu'on se décide à le peindre, à moins que bravement on ne risque d'être trempé jusqu'aux os comme cela nous est arrivé à nous-même dans les montagnes du Dauphiné.

Tenté par la beauté d'un ciel orageux nous avions commencé une étude et les premiers éclairs n'avaient pu nous décider à plier bagage. La tempête éclata enfin, mais la splendeur du spectacle qu'elle nous offrit ne fit qu'exciter notre ardeur et nous continuâmes à peindre au milieu du tonnerre et sous d'épouvantables rafales. Notre courage fut mal récompensé : un coup de vent plus violent que tous les autres emporta notre parapluie, renversa notre chevalet et nous dûmes prendre la fuite en sauvant toutefois nos études, trop heureux de trouver un abri d'où nous vîmes non sans une certaine terreur la foudre tomber sur un arbre à quelques mètres de l'endroit où nous nous étions installé.

L'arc-en-ciel. — L'effet d'orage que l'on vient de lire, n'a pas besoin d'être plus expliqué au point de vue des moyens à employer pour le peindre ; tout ce qui a été dit aux chapitres précédents, nous semble suffisant ; les procédés sont les mêmes. Nous ne voulons pas, cependant, terminer l'examen de ces effets d'orage sans donner quelques conseils sur la manière de peindre l'arc-en-ciel, une des plus grandes difficultés dont le paysagiste ait à triompher. Ce n'est pas que l'arc-en-ciel soit en lui-même très difficile à peindre, mais il y a un écueil à surmonter. Le premier c'est que la forme ronde de l'arc ne se prête pas à tous les genres de paysages et qu'il est très difficile de trouver un motif qui ne soit pas détruit par la forme et les tons d'un arc-en-ciel. Les couleurs du prisme sont tellement lumineuses, les tons sont si purs, qu'on ne sait comment *les faire tenir* avec les tons relativement gris des paysages. Mettre dans l'air de semblables colorations, qu'elles soient légères, transparentes, fraîches et diaphanes, qu'elles soient à leurs plans et ne nuisent pas à l'ensemble, tout cela est on ne peut plus difficile à obtenir. Ce n'est cependant pas impossible. Pour peindre l'arc-en-ciel d'après nature, voici ce qu'il convient de faire. Chacun sait que l'on peut étudier ce phénomène atmosphérique très souvent, lorsqu'on est intéressé à l'observer. C'est au printemps plus particulièrement, au moment des giboulées de mars et d'avril, qu'on a le plus d'occasions de peindre cet effet. Ce que l'on sait aussi, c'est que, pour observer l'arc-en-ciel, il est nécessaire de tourner le dos au soleil, et que le temps soit orageux. Ce n'est qu'en prenant ces dispositions que l'on pourra peindre cet effet.

Il faut aussi que les outils soient disposés à l'avance et que la palette soit préparée lorsque l'on part pour l'étude. Cela est nécessaire, indispensable même, car on sait que l'effet, lorsqu'il se produit, ne dure souvent que quelques minutes et rarement plus d'un quart d'heure ; il faut donc être toujours prêt à s'asseoir et à peindre instantanément. Il est aussi préférable de se munir d'un petit panneau apprêté gris foncé : cette valeur permet de peindre plus vite que sur un fond clair, parce que l'on est renseigné sur la valeur que l'on doit donner aux tons de l'arc-en-ciel, dès que l'on a posé la première touche, on n'a plus qu'à peindre le ciel dans le ton ; mais la valeur du fond étant déjà juste, l'effet se produit et l'on travaille avec moins de tâtonnements. On indique rapidement la forme en la dessinant avec la craie et l'on divise les tons par bandes parallèles, pour s'assurer qu'ils tiendront tous dans la largeur que l'on a adoptée pour l'arc-en-ciel ; c'est par le jaune clair qu'il est préférable de commencer ; on applique ensuite le ton vert, puis le bleu et le violet qui termine le contour intérieur de l'arc. Le rouge et l'orangé se placent ensuite. Il faut avoir bien soin de n'employer que de l'essence comme liquide et de peindre avec peu de couleur; les empâtements empêcheraient de fondre les tons, il serait impossible de les faire passer du jaune au bleu, ou de l'orangé au jaune, etc., sans transition. De plus, on ne parviendrait jamais à faire *tenir* l'arc dans le ciel, il aurait toujours l'air d'être en dehors de l'atmosphère et du paysage et ne se lierait pas; il ne formerait pas un ton homogène. Quand l'arc-en-ciel est peint, on

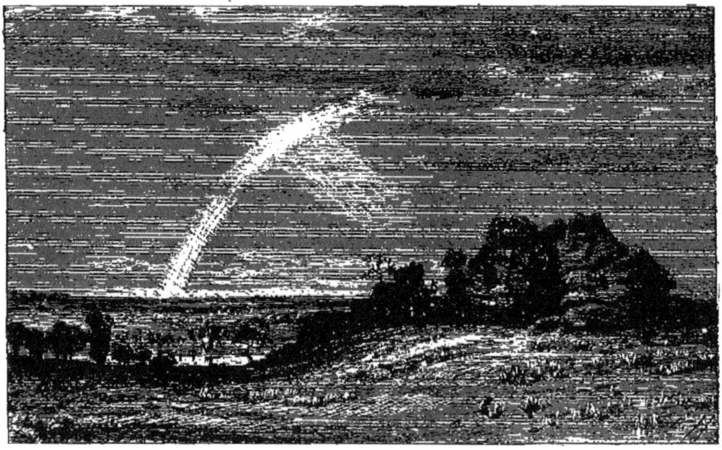

L'arc-en-ciel.

l'entoure avec les tons du ciel en le fondant sur les bords, le plus possible. Dans la plupart des cas, il y a beaucoup de violet dans le ciel autour de l'arc. C'est une remarque à faire pour aider à donner de l'éclat aux jaunes lumineux.

Une des plus grandes difficultés à vaincre, c'est comme nous l'avons dit, que ces tons si clairs paraissent s'éloigner dans le fond et semblent bien au plan où l'on a l'intention de les mettre. Quelquefois l'arc-en-ciel est très rapproché; il semble même reposer sur les premiers plans du motif et l'on voit très distinctement les arbres et les montagnes au travers. Pour peindre cet effet, il est nécessaire d'exécuter le paysage d'abord, de le laisser sécher et de peindre ensuite le ciel et l'arc-en-ciel, mais cela est terriblement difficile. Il faut peindre l'arc avec des glacis pour qu'ils laissent voir le paysage au travers et ne peindre le ciel que lorsque l'arc est terminé, mais encore tout frais; s'il était sec, on par-

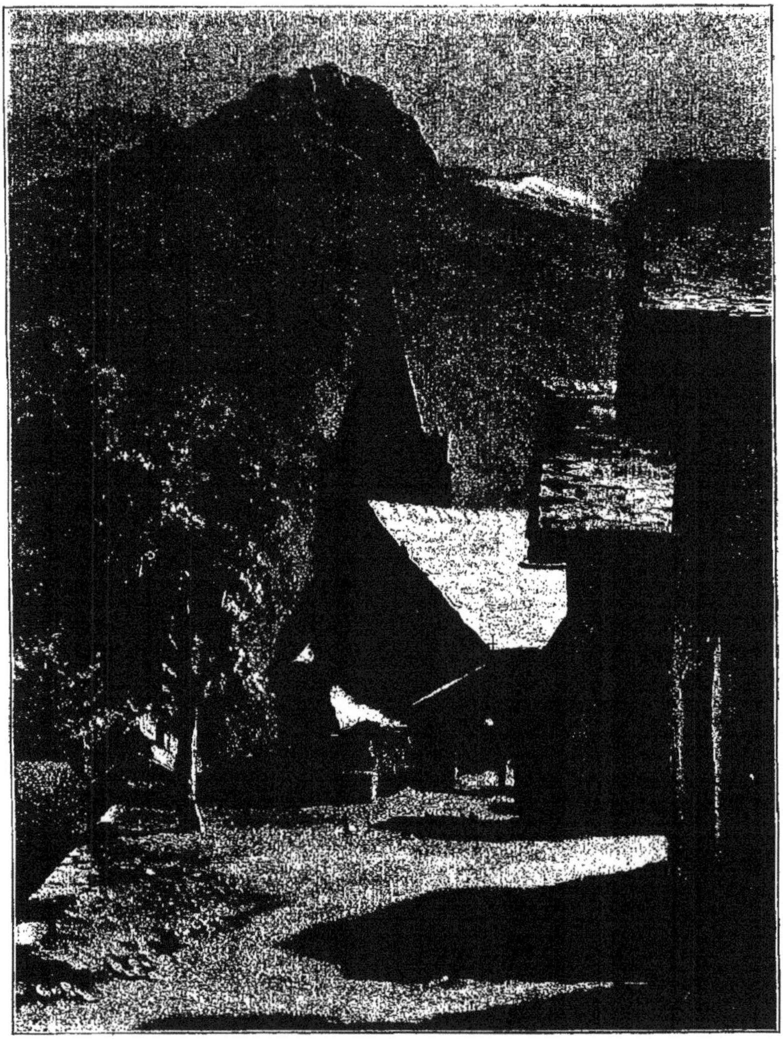

LA PLACE DE L'ÉGLISE A LA GRAVE (HAUTES-ALPES)

viendrait très difficilement à le fondre. L'arc-en-ciel est intéressant à étudier, quant à en faire, ce qui s'appelle un tableau, il ne faut l'essayer que lorsqu'on est en possession de beaucoup de science. Les artistes professionnels ne s'attaquent que rarement à cette difficulté parce qu'elle ne souffre pas la médiocrité et que le grand peintre Millet en a fait un ableau si célèbre qu'il faudrait une réelle témérité pour l'essayer après lui.

Effet de pluie ; pluie et soleil. — Par les temps orageux que nous avons décrits, il y a des tableaux très intéressants à faire dans tous les pays et avec tous les motifs. Ce qu'on a lu nous semble cependant manquer d'un renseignement utile ; pour être plus complet nous allons le donner. Ceci ne s'applique que dans le cas où l'on ferait un tableau à l'atelier et que l'on serait embarrassé pour l'exécution de la pluie tombant sur les premiers plans, passant devant les nuages du fond et les seconds ou troisièmes plans de terrains, d'arbres, de rochers, etc... La pluie tombant dans les fonds, peut se peindre comme il a été dit pour les rayons du soleil et doit être exécutée en peignant le ciel. Quant aux effets de pluie de tout premier plan, voici comment il faudra procéder. On aura soin de laisser bien sécher le paysage, et l'on passera un léger coup de grattoir, de rasoir, ou de papier de verre (à volonté) pour qu'il ne reste pas d'épaisseurs de couleur, à l'endroit où l'on se dispose à faire passer les averses de pluie. Ceci étant fait, on étendra un peu d'huile sur cette partie que l'on essuiera ensuite pour qu'il ne reste qu'un frottis seulement, un peu gras. Ayant ainsi disposé la toile, il ne s'agira que de préparer les tons ; voici ce qu'il faudra faire. A l'aide du couteau, on fera un ton gris de la même valeur que celui du ciel et un autre ton gris plus clair selon que l'on veut éclairer plus ou moins la pluie tombante. Ces tons seront placés sur une palette propre, sans autre couleur, parce qu'il est nécessaire d'avoir beaucoup de place pour détremper les tons en employant la couleur aussi liquide que de l'eau. Le liquide sera composé d'essence et de quelques gouttes d'huile (presque de l'essence pure), disposé dans un vase assez large pour qu'une grosse brosse y puisse pénétrer (le petit godet à palette serait insuffisant). La brosse devra être assez large pour que l'on puisse opérer d'un seul coup ; si l'on est obligé de s'y reprendre à plusieurs fois, cela compliquera la difficulté. La brosse à employer pour cette opération doit être large, plate, d'une longueur de soies moyenne et peu fournie (il est facile de diminuer l'épaisseur d'une brosse trop fournie en donnant un léger coup de canif tout autour de la virole en fer ; en appuyant plus ou moins la pointe du canif, on enlève autant de soies qu'on le désire). La brosse étant trempée dans le liquide, on touche avec le ton le plus foncé, on l'étale sur la palette de façon à en faire un glacis dont la brosse soit pleine ; on aplatit ensuite la brosse sur la palette pour que les soies se trouvent bien alignées ; on prend alors un *peigne*, *un démêloir dont les dents ne soient pas trop écartées*, et on l'enfonce dans les soies de la brosse, près de la virole ; puis on tire la brosse en ayant soin que les soies restent bien à l'alignement. Quand la brosse est ainsi préparée, on la passe légèrement de haut en bas, à la place voulue sur la toile et l'on obtient des raies parallèles qui imitent la pluie. Pour bien réussir, il est nécessaire de passer d'abord le ton foncé et de revenir ensuite avec le ton clair. Le goût de l'artiste est le guide le meilleur pour tout ce qui se rattache à cette opération ; il y a quantité de choses que l'on ne peut dire et qui seront devinées. Cet outil à lui seul ne peut suffire ; il donne bien des lignes qui imitent les parties rayées de la pluie, mais il fait un travail régulier, monotone, qui deviendrait insipide s'il n'était dirigé par un cerveau intelligent et artiste. C'est un moyen et rien de plus. Si l'on avait à peindre des parties de pluie tombante dans de grands panneaux décoratifs ou dans des tableaux de dimensions très importantes, comme la brosse ne serait pas assez large, on achèterait chez les marchands de couleurs ordinaires, un outil de peintre de décors qui se nomme spaltoir ou spalter ; il y en a de toutes largeurs, depuis deux centimètres jusqu'à vingt ou vingt-cinq, et l'on s'en servirait en employant le procédé qui vient d'être décrit pour la brosse.

Le coucher du soleil. — Le moyen le plus pratique pour peindre l'effet du soleil couchant, c'est d'employer de petits formats, toiles ou panneaux et de les préparer d'un ton brun foncé, composé de blanc, de noir et de brun rouge. Le paysagiste qui travaille dehors, doit toujours avoir dans sa boîte ou dans son sac plusieurs petits panneaux pour les effets accidentels. Il peut se trouver tenté de peindre au moment où il ne s'y attend pas et l'effet de soleil couchant est de ce nombre. On ne peut, en effet, généralement pas prévoir dans la journée que le ciel sera intéressant à peindre au coucher du soleil. C'est au moment où on s'y attend le moins que les plus beaux effets se produisent ; il ne faut pas se laisser prendre au dépourvu.

Le procédé à employer pour peindre le soleil dans la toile avec un ciel sans nuages, est nécessairement le même que celui qu'on a lu pour peindre l'effet du soleil levant ; il n'y a que les tons qui changent, nous renvoyons le lecteur à ce chapitre où il trouvera tous les renseignements.

Les études de soleil couchant se font, le plus souvent d'une manière imprévue, mais il arrive souvent aussi que l'on vienne s'installer pour peindre un effet semblable, avec l'intention d'en faire une étude très poussée ; voici ce qu'il faudra faire : Après avoir bien observé l'effet dans une première séance dans laquelle il est nécessaire de ne pas peindre, mais de choisir attentivement la place où l'on viendra travailler, on reviendra le lendemain et, selon l'importance de la toile ou la complication des silhouettes, on devra commencer la mise en place et le dessin une heure environ avant que l'effet ne se produise. Ce dessin devra être fait à l'encre de Chine et il est avantageux d'employer une toile préparée d'un ton chaud et foncé ; néanmoins la toile blanche peut suffire puisque l'on n'a pas l'intention de terminer du premier coup. Si la préparation de la toile est claire, il faudra, au moment où l'effet se produira, ébaucher toutes les parties les plus foncées en considérant momentanément la valeur de la toile, comme le ton juste du ciel. Si le motif représente des maisons, c'est par leurs toitures que l'on devra commencer, et en général, par tout ce qui se silhouette sur le ciel. Il ne faut pas se préoccuper du ton juste de chaque chose, dans cette première séance ; l'important c'est de préparer des dessous chauds de tons et bien en valeur. Il faut voir l'endroit où se trouve placé le plus grand noir et l'indiquer tout d'abord ; puis on continue l'ébauche par des tons foncés mais en gardant toujours la proportion juste des valeurs qui ne devront pas égaler le noir unique qui est destiné à éclairer tous les tons foncés. Quand toute l'étude sera ainsi ébauchée, la toile étant restée réservée à l'endroit du ciel, on aura obtenu déjà un effet d'ensemble assez intéressant et l'on pourra se rendre compte des lignes de la composition. Cette préparation aura demandé un temps assez long pour que l'effet soit passé depuis un moment il n'y aura plus qu'à rentrer au logis et à revenir le lendemain pour commencer à peindre réellement. Lorsqu'on se dispose à ébaucher une toile comme il vient d'être dit, il est utile de préparer quelques tons avec du noir, de la laque ordinaire et un peu de blanc. On peut alors, en ébauchant les dessous en *jus* (c'est-à-dire avec beaucoup de liquide dans la brosse), tout en se servant du ton foncé préparé, y ajouter, selon ce que l'on observe dans la nature, de la terre de sienne naturelle ou brûlée, du vert émeraude, du bleu de Prusse, du jaune indien, etc... sauf les couleurs couvrantes et le blanc. Il ne faut pas craindre de faire cette ébauche très foncée, car il est rare, quelle que soit l'audace que l'on semble avoir montrée, que le tout ne soit pas ébauché trop clair ; c'est une constatation que chacun fait, neuf fois sur dix, quand, dans la seconde séance, on a peint le ciel.

Avant de donner d'autres explications, nous ne saurions trop engager les débutants à faire des petites pochades de cet effet en choisissant des lignes simples, pas de maisons, ni d'arbres ; une ligne d'horizon et un terrain nu au premier plan suffisent. Ce n'est que progressivement qu'il faudra arriver à peindre un motif, comme celui qui nous occupe et auquel nous allons revenir.

Le dessin hors-texte ci-contre va nous servir pour expliquer la manière de peindre l'effet de soleil couchant. C'est un motif pris dans l'Isère, au pied des montagnes ; mais tous les pays peuvent se peindre de la même façon, que les montagnes soient au premier plan ou à l'horizon, peu importe.

Lorsque l'on peint un paysage où il y a de l'eau, que cette eau soit calme ou agitée, il faut toujours qu'elle soit peinte en même temps que le ciel, c'est-à-dire dans la même séance. Nous en avons déjà donné la raison, c'est que le ciel devant refléter ses tons sur les premiers plans, ces reflets deviennent indispensables, lorsqu'il s'agit de premiers plans qui réfléchissent le ciel comme un miroir. Le ciel, l'eau et les premiers plans (on nomme aussi les terrains de premier plan, les devants du tableau), doivent donc être peints dans la même séance. C'est par les tons bleus du ciel que l'on commencera à peindre, en les dégradant ; puis on ajoutera les tons gris violets des nuages, et comme on aura eu soin de réserver la toile dans les parties les plus claires des nuages, l'effet sera déjà marqué. On le complètera en peignant la lumière claire et chaude des nuages. On doit aussi, tout en peignant le ciel poser des notes du ciel dans l'eau pour se guider sur la valeur que l'on devra donner à cette eau. On sait que, malgré tout l'éclat de lumière qu'elle semble donner, l'eau qui réfléchit le ciel ne peut et ne doit jamais être aussi claire que lui. Ce qui la fait paraître très claire, c'est qu'elle est entourée partout des tons foncés du terrain. La rivière qui nous occupe est torrentueuse ; elle descend des glaciers et roule sur un fond de rochers qui la brise en mille cascades. C'est une eau lourde et opaque sans cesse remuée, qui ne reflète rien que le ciel. Pour peindre cette eau, il convient de procéder comme pour le ciel, en réservant toujours le fond de la préparation de la toile, pour faire les parties les plus claires. C'est par le ton foncé qui se trouve placé sous les *vagues* que l'on devra commencer en y ajoutant les tons gris bleus qui se dégradent en s'éloignant, puis en terminant par les lumières jaunes et rouges dont les plus claires se trouvent au premier plan. L'eau que nous décrivons est une eau fuyante, c'est une des plus grandes difficultés que l'on puisse rencontrer en peignant le paysage, et l'on n'y réussit bien que lorsque l'on peut se placer de façon à voir certaines parties de profil, au moyen d'un coude de la rivière. Nous avons dit plus haut qu'il fallait commencer par peindre les *vagues* ; c'est avec l'intention de faire remarquer que si elles paraissent lourdes et sans transparence, c'est qu'elles le sont en réalité. C'est ce qui les différencie des cascades que l'on observe dans une eau qui au lieu de s'en aller dans le fond, vient au contraire sur le devant du tableau. Nous en reparlerons plus loin en expliquant le procédé pour peindre les cascades et les eaux transparentes.

Si on est assez habile pour avoir peint le ciel et l'eau sans que l'effet soit trop changé, il faudra peindre les montagnes du fond, pendant que le ciel est encore frais, afin que les contours se fondent et se dessinent sans sécheresse ; ne dut-on peindre que le contour de ces montagnes, il est indispensable de le faire dans la séance où l'on a peint le ciel. Il est nécessaire d'abandonner le travail quand l'effet est passé, parce que l'on mettrait des valeurs fausses qui seraient gênantes pour la continuation de l'étude. Lorsque l'on ne se sent pas fatigué, on peut continuer à travailler jusqu'à la nuit, en peignant le crépuscule, de la même place et sur un autre panneau, comme il sera dit plus loin.

Pour la continuation de l'étude commencée, voici ce que l'on devra faire : peindre d'une seule valeur les violets des montagnes du fond, en les couchant à plat d'un seul ton, mais en observant qu'elles se dégradent en s'éloignant. Pendant que la couleur est fraîche, on ajoute les tons roux formés par les herbes brûlées, on termine en plaçant les tons gris violets et clairs de la neige des sommets. Il est à remarquer que la neige dans cet effet se trouve plus foncée que le ciel. Les arbres qui se silhouettent dans les fonds seront peints pendant que les tons des montagnes sont frais, et tout le côté droit du tableau pourra être peint dans cette séance, sans s'occuper du pont, ni des premiers plans. On sait que les arbres doivent être peints avec peu de couleur et en commençant par les tons les plus foncés. Nous n'en parlerons plus que pour recommander d'en bien noyer les contours afin de donner la sensation du vague et des formes imprécises de cette heure. La séance suivante commencera par les tons vigoureux des arches du pont, en observant que les plus grands noirs se trouvent placés sous les rochers de premier plan. Le pont et les rochers se terminent en ajoutant le ton local, violet, et en terminant par les dessus clairs et froids qui les modèlent. Le groupe de maisons et les arbres du second plan, à gauche, seront peints ensuite en procédant toujours du plus foncé au plus clair, mais surtout en se préoccupant des valeurs et de l'enveloppe pour ne pas nuire à l'ensemble par des détails trop apparents. La lumière qui est motivée par la route qui donne accès au pont et les parties claires des buissons termineront le pont. L'arbre le plus important qui se trouve en premier plan, à gauche, sera peint, pour ses feuillages, avec une large brosse plate pour ne pas être tenté de mettre des feuilles détaillées qui empêcheraient la perspective aérienne. Si le dessin des branches a été tracé à l'encre de Chine, elles seront restées apparentes sous l'ébauche, il n'y aura qu'à les peindre dans le ton sans s'inquiéter des petites branches qui doivent être très simplifiées pour ne pas nuire à l'ensemble. C'est par les tout premiers plans que cette étude sera définitivement terminée et les fumées seront les dernières touches à mettre. Pour peindre les fumées il est nécessaire que l'endroit où l'on veut les peindre soit bien sec ; on fait un ton gris chaud plus foncé que le ciel et l'eau, puis à l'aide d'une petite brosse plate, courte de soies, on touche très légèrement ce ton, sans prendre aucun liquide et l'on fait un petit frottis presque sans couleur, en observant bien la forme. On peut aussi fondre avec le doigt et le chiffon si cela semble nécessaire.

Nous avons pensé qu'il serait plus intéressant pour l'élève de faire une étude qui est déjà un tableau, avant de le conduire vers des études indispensables, mais quelquefois arides. Nous avons voulu lui donner une récréation et nous avons choisi à cet effet l'étude d'un coucher de soleil, parce que, tout en étant d'une grande difficulté, si l'on n'y réussit pas entièrement, on est à peu près assuré de faire une chose agréable, attendu que les valeurs sont plus faciles à observer que dans un autre effet. Nous donnerons plus loin des conseils pour peindre des ensembles, ce que l'on nomme des motifs ; mais avant d'arriver là, il faut suivre une méthode pour ne pas perdre son temps. C'est par des parties détachées qu'il faudra étudier en peignant toutes sortes d'études et d'effets et nous allons continuer par un morceau de terrain pour arriver graduellement à pouvoir peindre tous les ensembles, toutes les heures de la journée et par toutes les saisons.

Etude d'un terrain de premier plan. — Les études de terrains, de rochers, de plantes, de troncs d'arbres, etc., enfin tout ce qui peut se trouver sur les premiers plans d'un tableau, sont nécessaires, indispensables même. Non seulement ces études sont les gammes du paysagiste, auquel elles donnent la dextérité voulue pour exécuter chaque objet avec la facture qui leur convient, mais ces accessoires seront l'ornement de son atelier et les matériaux d'une foule de conceptions pendant toute son existence.

Le dessin ci-contre montre un terrain de premier plan sablonneux, que la pluie a miné et que le poids des touffes d'herbes et de mousse a fait écrouler. C'est dans le genre de ce terrain que nous recommandons le choix de ces études ; il faut toujours rechercher le pittoresque par la forme et par l'effet, afin de donner plus d'attrait à l'étude. On peint, en effet, rarement bien ce qui ennuie et l'étude que l'on s'impose, l'étude pensum, ainsi que nous l'avons nommée, n'est jamais bonne, quoi qu'il soit souvent nécessaire de s'y obliger, quand on veut faire sa carrière dans un art aussi rempli de difficultés que celui du paysage. Lorsqu'on est en possession d'une certaine habileté acquise par des années de pratique, on commence à comprendre tout l'intérêt qu'il y a pour un artiste à faire des études. L'étude est un repos de l'imagination. Le peintre peut se délasser de ses tableaux par des études, parce que, dans l'étude il n'y a que les yeux et la main qui travaillent et l'esprit peut se reposer un moment. Nous disons un moment, car l'imagination conçoit toujours et souvent le morceau le plus simple que l'on avait choisi pour le plaisir de faire une étude a fourni le prétexte et le point de départ de plusieurs grandes compositions. Le terrain qui nous sert de démonstration en est un exemple. Lorsque nous nous sommes arrêté devant, frappé par le pittoresque de la forme et attiré par la vigueur de l'effet, nous ne pensions qu'à peindre ce terrain, mais peu à peu, dans le recueillement de l'étude, nous imaginions des figures et des animaux passant sur ce ter-

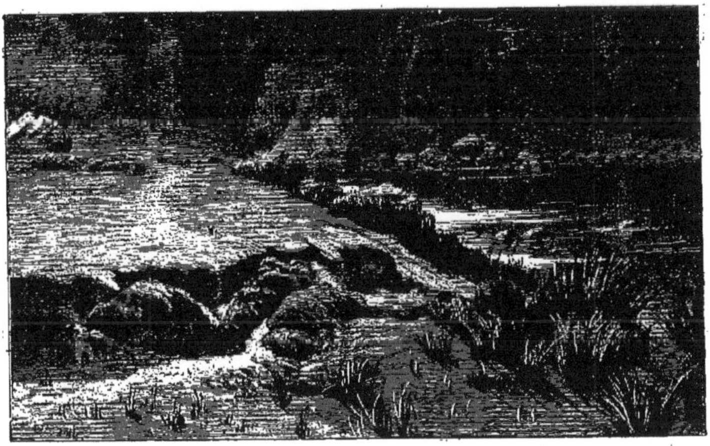

Étude d'un terrain de premier plan.

rain, plusieurs sujets de tableaux s'offrirent alors à notre conception et furent réalisés dans la suite. On ne saurait donc jamais assez recommander aux jeunes artistes de peindre des morceaux et de faire des études en tous genres.

La manière de peindre un terrain comme celui-ci, n'est pas très différente de ce qui a été dit déjà. Nous l'indiquerons donc rapidement. Après avoir établi le dessin avec le fusain et redessiné à l'encre de Chine en observant les valeurs, on commencera par peindre le ton du terrain dans l'ombre de la partie écroulée. Disons, en passant, que lorsque l'on peint sur un apprêt clair ou blanc, il est toujours utile de dégraisser la toile, avant de partir pour l'étude. On dégraisse rapidement en frottant un morceau de savon quelconque sur la toile, après y avoir jeté quelques gouttes d'eau, il suffit de passer la main partout avec cette eau savonneuse, et quand on a constaté que l'eau a bien adhéré à la peinture, on lave à l'eau pure, on essuie pour sécher et la toile est dégraissée. Il faut faire cette opération rapidement pour ne pas laisser le savon attaquer profondément la couche de peinture qu'elle enlève toujours un peu et qu'elle enlèverait entièrement si on lui en laissait le temps. On dégraisse encore la peinture au moyen d'une pomme de terre que l'on coupe en deux et avec laquelle on frotte la peinture, sans aucun danger de l'attaquer. Ce procédé est le seul recommandable pour un tableau en cours d'exécution. Quand on a frotté la peinture avec la pomme de terre, on lave à l'eau pure et si l'eau ne reste pas partout sur la peinture, en formant une sorte de vernis, si elle s'écarte et se retire, c'est que la peinture n'est pas suffisamment dégraissée, il faut renouveler l'opération, il est utile pour cela de couper la pomme de terre plusieurs fois afin de lui redonner de l'humidité et du mordant.

Le dessin à l'encre de Chine sur une toile dégraissée a l'avantage de permettre au peintre d'indiquer les valeurs. A l'aide de deux brosses dont l'une met l'encre et l'autre fond et enlève ce qui est trop foncé, il peut obtenir toutes les valeurs depuis le blanc jusqu'au plus grand noir de l'encre pure. Un tel dessin est précieux par sa justesse. De plus, il permet de peindre les tons foncés sans craindre la transparence et facilite une exécution très poussée en terminant du premier coup. Nous avons dit qu'il était nécessaire de commencer par les ombres et les parties les plus foncées, en réservant toujours le fond de la toile ou du panneau, qui, étant apprêté clair, donnera déjà l'effet en attendant que l'on pose les tons de la lumière qui termineront l'étude. Les joncs qui forment les touffes vertes du premier plan, devront être peints verticalement, de bas en haut pour les ombres, de haut en bas pour les lumières; les petits luisants où le soleil accroche des lumières sur les joncs seront placés pour terminer cette partie.

Les brosses coupées.— Les peintres paysagistes ont recours, quelquefois, à des procédés qui sont très utiles à connaître, mais dont il ne faut pas abuser, sous peine de tomber dans la pratique des peintres de commerce qui ravalent l'art et font tant de tort aux artistes en faussant le goût des amateurs de peinture. L'un de ces moyens, c'est l'emploi d'une brosse ronde ou plate, selon la forme de ce que l'on veut peindre, que l'on nomme brosse coupée. C'est une vieille brosse longue de soies que l'on taille avec des ciseaux pour qu'elle forme des parties fournies en soies et d'autres éclaircies ainsi que le montre notre dessin.

C'est avec ces mauvaises brosses que l'on peint les grandes herbes, et surtout que l'on place les lumières, en les trempant dans la couleur sans jamais se servir de liquide. L'emploi de ce procédé permet d'obtenir des habiletés surprenantes et le débutant aura vite appris à se servir de cet outil; il peut être utile si l'on sait en dissimuler son emploi en corrigeant les coups de brosses qui ne sont pas dans la forme exacte que montre la nature; mais ce moyen est dangereux parce qu'il fausse le goût et que les mauvaises habitudes se prennent facilement.

Il se peut que les artistes qui liront ces lignes, quoi qu'elles ne leur soient pas destinées, nous blâment de donner aux jeunes peintres des moyens que nous sommes les premiers à interdire, mais nous nous sommes promis de tout dire, parce que nous estimons que l'on doit tout connaître. Quant à ce qu'il n'est pas bon de pratiquer autrement que par curiosité et pour voir ce qu'on en peut déduire, nous serons toujours les premiers à dire que l'art n'a pas besoin d'avoir recours à tant d'industrie pour se manifester et qu'il faut toujours éviter l'habileté de main qui

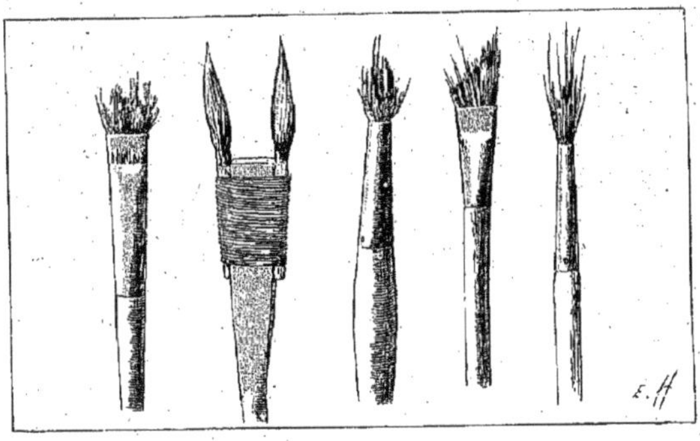

Différents genres de brosses coupées.

détruit le charme en ne laissant pas un libre cours à l'imagination. Pour mieux nous faire comprendre, nous dirons encore que l'adresse excessive tue l'art et entrave la carrière d'un artiste. Les petits détails sont d'ailleurs presque toujours inutiles, ils n'ajoutent rien à la grandeur de l'œuvre et nuisent souvent à l'effet général. Savoir s'arrêter à temps lorsque l'on exécute est une science qui ne s'acquiert qu'après beaucoup de pratique et lorsque l'on a compris la grande synthèse qui s'impose dans une œuvre d'art; l'effet à produire est la sensation d'une émotion éprouvée par l'artiste, or, la copie exacte des moindres détails éloigne précisément de ce but et comme l'a si bien formulé le grand Balzac, « La mission de l'art n'est pas de copier la nature, mais de l'exprimer ».

Les maisons ou les fabriques. — Les maisons sont, pour les paysagistes : une source abondante de motifs. Soit qu'ils les peignent en plein soleil où leurs colorations sont souvent fort imprévues, où les ombres portées par les vieilles toitures ont des effets pittoresques les plus inattendus, soit enfin qu'ils en étudient les silhouettes sur le ciel; ils y trouveront toujours un intérêt nouveau. Pour le débutant, l'étude des maisons est de toute nécessité parce qu'elles sont en quelque sorte la continuation des études de nature morte et qu'elles le prépareront tout doucement aux études de paysage dont elles font partie. Il est donc bien recommandé de faire telles études en choisissant une seule maison d'abord et en la peignant au soleil pour bien étudier les diverses colo-

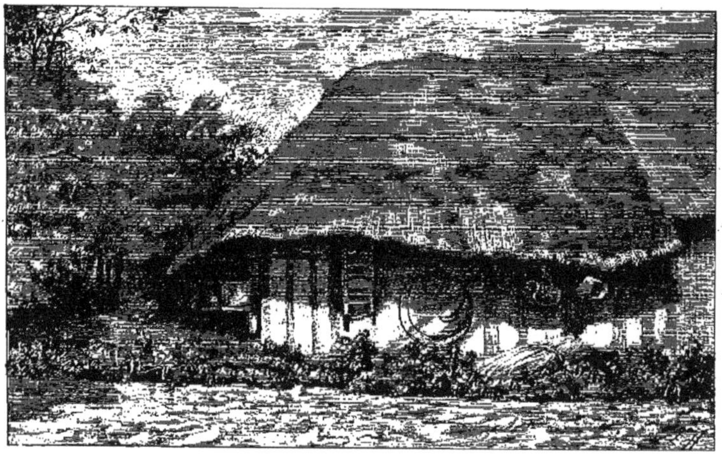

Chaumière normande.

rations dont elle est bariolée par le temps et le caprice de ses propriétaires. Au village, où l'économie préside à tout ce qui se construit, les maisons offrent dans leur installation et leur construction, les matériaux les plus divers. L'on y voit très bien, pour un seul mur, l'assemblage du bois, de la brique, du plâtre, de la terre, de la paille, du zinc et de beaucoup d'autres choses qui sont pour le peintre des modèles agréables à copier.

Un des plus grands charmes de la nature pittoresque, qui tend malheureusement de plus en plus à disparaître, c'est le chaume. La couverture des maisons dans les campagnes, était, autrefois, presque uniquement faite de chaume. C'était l'âge d'or des paysagistes. Maintenant, grâce aux progrès, les chemins de fer amènent partout la tuile et l'ardoise, pour couvrir les plus humbles *chaumières*, et les villages perdent leur physionomie rustique, pour ressembler aux petites villes. Les habitants des campagnes y gagnent en confortable, ce qu'ils y perdent en poésie. C'est pour eux tout bénéfice, car on sait qu'ils sont plus positifs que rêveurs, mais les paysagistes n'ont rien gagné à ces bienfaits de l'humanité. Si la tuile et l'ardoise ont parfois de très jolies colorations, selon la lumière qui les éclaire, elles ont une rigidité sans grâce qui n'est pas comparable aux formes rondes ou affaissées des vieux chaumes, où poussaient les mousses et les fleurs.

La vieille chaumière normande que représente notre dessin en est le type connu. Nous avons pensé à la recommander justement en raison de la facilité avec laquelle on peut en rencontrer de similaires et parce qu'elle est utile avant tout pour préparer le jeune peintre aux études plus difficiles.

Pour peindre cette étude, les procédés sont les mêmes que pour ce qui a été dit plus haut. Un bon dessin à l'encre de Chine, où la forme et les valeurs sont déjà bien indiquées et l'on exécute du premier coup. Pour faciliter l'exécution et rendre la facture plus grasse, un moyen très utile et presque indispensable, c'est l'ébauche en frottis, sorte d'aquarelle à l'huile que nous avons recommandée pour la première étude de paysage. Il faut avoir soin, lorsque l'on veut employer ce moyen et peindre du premier coup, de mettre un peu plus de siccatif dans le liquide employé d'ordinaire, afin de faciliter l'exécution. Quand on a tout ébauché de la sorte, ce qui ne demande que peu de temps, si l'on s'en tient à de petites études, on commence à peindre le ciel et les arbres du fond, puis on peint le chaume en commençant par mettre la valeur foncée de l'ombre qui est dessous. Quand on exécute le chaume, il faut avoir soin de peindre dans le sens de la paille, afin d'obtenir par la brosse, un travail différent de celui qui peindra les mousses. L'étude se continue en peignant l'ombre portée par la toiture sur la muraille de la maison. Cette ombre très variée de coloration, se rencontre bien souvent dans les maisons semblables et devient un sujet d'étude fort intéressant par la diversité des colorations dans une valeur unique. C'est en cherchant les tons justes de cette valeur que l'on donne tant d'intérêt à une chose, qui, malgré son apparence banale, est pour l'artiste un sujet d'études et de recherches plein de difficultés. Les parties de lumière terminent la maison en ayant soin de bien observer le sens, le tissu de chaque chose ; il faut peindre les charpentes apparentes dans le sens du fil du bois ; les parties de torchis doivent être exécutées d'une manière plus grasse, plus rugueuse ; le plâtre sera peint par une touche plate, un peu épaisse, semblant recouvrir la brique que l'on aperçoit par place ; les accessoires devront aussi être peints d'une manière particulière à chacun ; l'arrosoir ne peut se peindre comme le panier, etc., etc. C'est en faisant ces premières études que l'on se rendra compte de l'utilité, de la nécessité pour le peintre d'étudier beaucoup les natures mortes. Les arbres se peindront ensuite en observant toujours les masses d'ombre, de demi-teintes et de lumière. Il est à remarquer que pour éloigner les plans, il faut les simplifier. C'est donc seulement pour les feuillages des premiers plans que l'on devra réserver les détails des branches et le dessin de quelques feuilles.

La verdure des terrains et le terrain lui-même termineront l'étude ; la terre dénudée qui a été labourée nouvellement doit être dessinée attentivement. Sa forme bien écrite et son modelé en font une étude fort intéressante et souvent utilisable par la suite.

Si l'élève qui peint cette étude de terre labourée a vu le tableau de Rosa Bonheur au Musée du Luxembourg « *Le Labourage Nivernais* », il se souviendra avec quel talent et quel soin cette artiste a exécuté la terre labourée, et il s'en inspirera ; s'il n'a pas encore vu cette œuvre, nous lui conseillerons d'aller la voir, car, à elle seule, elle vaut le dérangement, même pour un artiste qui n'habite pas Paris ; l'enseignement qu'il en tirera le dédommagera amplement du voyage.

Les arbres. — Études des troncs abattus. — Nous allons passer rapidement sur les différentes études de morceaux et d'accessoires de premier plan que nous conseillons comme indispensables aux jeunes artistes pour apprendre le métier sans lequel ils ne pourraient rien faire. Le métier s'apprend et il s'enseigne, quoi qu'en pensent beaucoup de peintres qui ne se rappellent plus leurs débuts, ni leurs maîtres. Quels que soient les dons qu'on ait reçus du Créateur, il est nécessaire d'apprendre le métier puisque, sans lui, on ne peut exprimer sa pensée. Il ne faut pas s'en tenir exclusivement aux conseils d'un maître, cela est évident, puisque si on l'écoutait trop longtemps, on peindrait exactement comme lui-même, en risquant de n'avoir jamais une manière personnelle. Or, chacun sait qu'il n'y a que l'originalité qui donne le titre d'artiste et que le copiste n'est rien de plus qu'un ouvrier adroit. Qui ne se souvient de ses rêves de jeune homme, où l'imagination enflammée faisait concevoir des tableaux splendides surpassant tout ce que l'on avait vu et admiré ? Qui n'a pas eu aussi ses déceptions amères en constatant son impuissance à formuler ces rêves, faute de science ? Quelques peintres disent que l'on devine tout soi-même en travaillant ; ce n'est pas notre avis, nous en avons eu cent fois la preuve.

On devine plus tard autre chose, si l'on est doué, mais c'est ce que l'on a appris qui vous conduit à trouver cette autre chose et ceux qui n'ont eu aucun conseil, ne trouvent jamais rien.

Une seule preuve suffira : Tous les artistes de grand talent, quelle que soit leur originalité, ont commencé par peindre très bien et *comme tout le monde*. Leur originalité ne s'est manifesté que plus tard, avec le raisonnement, quand ils ont été en possession de leur métier. Il n'y a pas d'exemple qu'un peintre de grande valeur n'ait pas commencé par apprendre le métier ; certains l'ont appris plus ou moins ; il est incontestable que les artistes de génie sont les plus rebelles à l'enseignement et qu'ils quittent l'atelier et le maître plus tôt que la plupart des peintres doués médiocrement. François Millet a quitté l'atelier de Paul Delaroche, après y être resté peu de temps ; cela est vrai, mais oserait-on prétendre que si les autres élèves du peintre de l'hémicycle du Palais des Beaux-Arts avaient suivi l'exemple de Millet, ils fussent tous arrivés à faire des chefs-d'œuvre, comme *l'Angélus* ou *les Glaneuses* ? — Il faut apprendre le métier pour peindre, comme on apprend la musique avant d'être compositeur. Il faut être savant dans son métier et comme nous l'avons dit plus haut, savoir peindre comme tout le monde, ce qui veut dire, comme tous ceux qui savent correctement leur métier, avant de s'exprimer d'une façon originale. Pourquoi ce qui est indispensable au littérateur, serait-il nuisible au peintre ? — Est-ce que le littérateur n'a pas besoin d'être très instruit, avant de traduire sa pensée et de l'exprimer élégamment ? S'il est des grands écrivains qui n'ont pas passé leur baccalauréat, s'ensuit-il qu'ils n'ont pas fait de fortes études ?

Nous avons hâte d'en finir avec les études pour arriver aux conseils que nous voulons donner sur la manière de composer et d'exécuter les tableaux de paysage. Mais il faut encore un peu de patience au lecteur, car nous avons à lui donner quelques procédés d'exécution sans lesquels il ne pourrait songer à peindre un tableau.

Mais revenons à notre étude d'arbres, en commençant par dessiner et peindre des troncs renversés sur le sol. Ces études si intéressantes sont indispensables ; elles ont aussi l'avantage de conduire l'élève progressivement à l'étude des arbres entiers, qui est si compliquée et si difficile de forme et de couleur.

Le tronc du châtaignier est un des plus amusants à peindre, parce qu'il est rare de voir abattre ces nourriciers des campagnes, avant qu'ils ne soient très vieux, c'est-à-dire improductifs ou morts. C'est en raison de leur mort et de leur vieillesse qu'ils sont si pittoresques et si utiles aux peintres ; aussi quand ils auront la bonne fortune d'en rencontrer sur leur chemin, nous ne saurions trop leur recommander d'en faire des études et des dessins, vus de différentes façons. Ces études leur seront nécessaires toute leur vie. Nous ne dirons pas comment on doit les peindre, tout ce qui a été dit ailleurs peut servir ici. Cet arbre ainsi tombé sur le sol n'est plus qu'une nature morte en plein air, et on devra, en le peignant, se souvenir de ce que l'on a appris, afin de ne pas peindre la mousse comme l'écorce, et faire comprendre le tissu de chaque chose. Il ne sera pas nécessaire de peindre le fond ; cependant, il est utile que l'étude de l'arbre soit entourée de la valeur du fond, comme il est utile aussi que le terrain de premier plan soit exécuté, parce que les plantes, fougères et autres, peuvent servir aussi par leur valeur, leur dessin et leur coloration. La facture de ces herbes et de ces plantes sera aussi l'objet d'une attention particulière, afin qu'elles semblent légères et souples, par rapport à l'arbre, lequel sera peint solidement pour bien marquer le contraste d'une chose lourde et dure, à côté de la flexibilité des plantes.

Les études de ce genre doivent être peintes par tous les effets, à

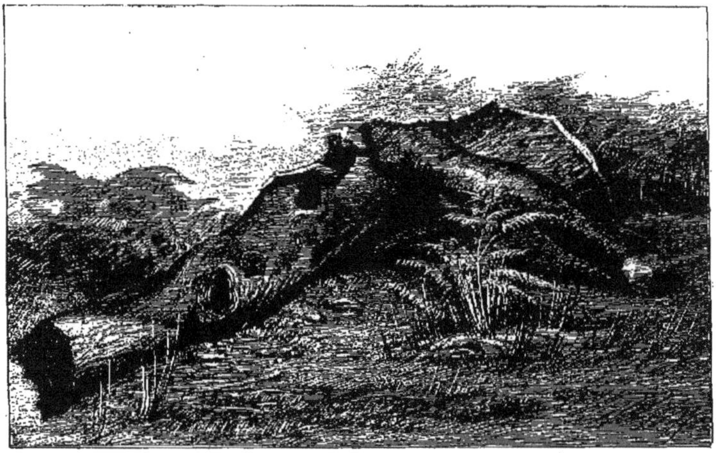

Un tronc de châtaignier.

l'ombre, au soleil, à la pluie, par le givre et sous la neige ; toutes peuvent trouver leur utilité ; aucun effet n'est à négliger.

Études d'arbres. — Le dessin des arbres est plus difficile qu'on ne le pense généralement et le tronc qui semble si simple pour chacun, est cependant plus compliqué qu'il ne le paraît. On croit qu'il n'y a qu'à tracer deux lignes verticales, comme pour dessiner une colonne et l'on est tout surpris quand un paysagiste qui sait dessiner un arbre, vous initie au secret du balancement et de l'enveloppe des lignes.

La figure 1 montre un arbre mal dessiné où les formes ne sont ni balancées, ni enveloppées ; la figure 2 montre au contraire un tronc d'arbre bien dessiné où les formes se balancent et s'enveloppent.

Le balancement des lignes est le contrepoids qui permet d'équilibrer la forme de l'arbre ; l'enveloppe des lignes consiste à montrer une bosse sur la ligne qui dessine l'arbre à droite ou à gauche, quand il y a un creux sur la ligne opposée. Pour bien nous faire comprendre, nous ajouterons que l'exagération de la forme enveloppée est le dessin que donnerait une fourchette de table si l'on dessinait avec, sur la nappe ou sur le mur, en ondulant légèrement. Les quatre lignes en se suivant s'envelopperaient avec exagération, mais elles montrent ce que c'est que l'enveloppe.

Les attaches des branches, c'est ainsi que l'on nomme la partie où

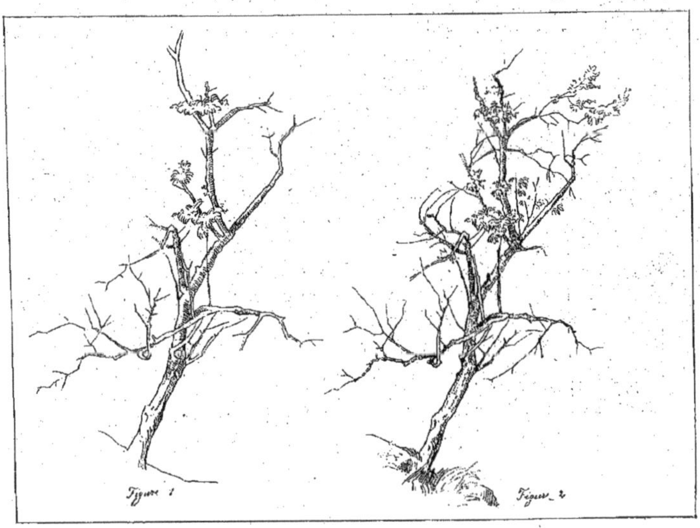

Construction des arbres par le balancement des lignes.

la branche se soude au tronc, sont aussi très importantes. Un connaisseur voit au premier coup d'œil, dans un tableau, si une branche est mal attachée, c'est-à-dire si le peintre sait, ou ne sait pas dessiner un arbre. Quand on a l'habitude de chercher l'enveloppe des lignes en dessinant, on attache convenablement les branches, mais cela demande une science que le vulgaire ne soupçonne pas. Quantité de peintres même, ne savent pas dessiner les arbres, et beaucoup emmanchent les branches comme les fumistes emboîtent les tuyaux de poêles.

Les masses de feuillages ont aussi une enveloppe qui aide à donner à la forme la grâce qui mène jusqu'au style, quand on sait la voir et la dessiner. Nous dirons plus loin, dans le chapitre qui traitera les sous-bois, comment on doit peindre le tronc et les branches des arbres qui font partie du premier plan.

Ce qui doit préoccuper le peintre qui dessine ou qui peint des arbres, c'est avant tout le caractère de l'arbre qu'il veut étudier. Pour faciliter

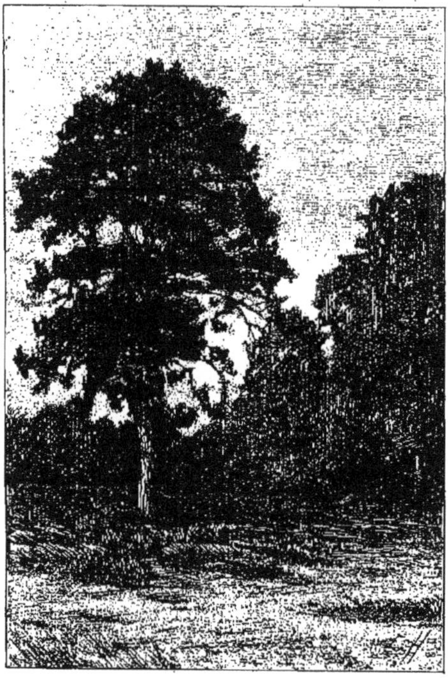

Silhouettes d'arbres.

ses recherches, il devra souvent dessiner des arbres se silhouettant sur le ciel, soit au coucher du soleil, soit par un temps gris, en se plaçant à contre-jour (c'est-à-dire ayant le soleil devant lui, quoiqu'il soit caché par les nuages). Ces effets en simplifiant tous les détails pour les réduire à une seule masse, ont l'avantage de montrer une silhouette très arrêtée dans ses contours, ce qui aide à en comprendre le caractère.

Un paysagiste doit avoir en portefeuille, ou accroché aux murs de son atelier, des études d'arbres de toutes les espèces ; il devra donc en

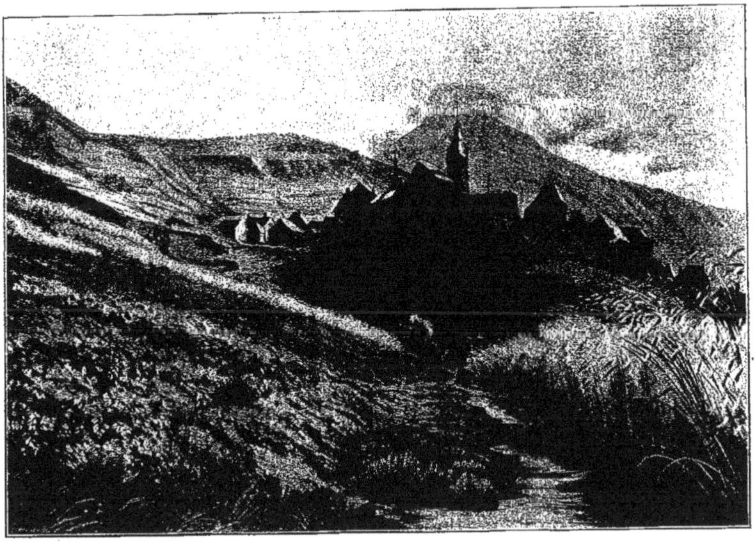

LE VILLAGE DE LA GRAVE (HAUTES-ALPES)

peindre beaucoup en ne prenant qu'un seul arbre, ou en peignant un arbre de premier plan entouré d'autres arbres de même essence et placés à d'autres plans. Une châtaigneraie par exemple, un bois de chênes ou de bouleaux, etc....... L'automne, qui fera l'objet d'un chapitre placé plus loin, est le moment le plus favorable pour étudier les arbres, parce qu'ils commencent à se dénuder, que le feuillage en s'éclaircissant montre les branches et leurs attaches. La fin de l'automne et l'hiver permettent d'étudier le dessin et la structure des arbres qu'un paysa-

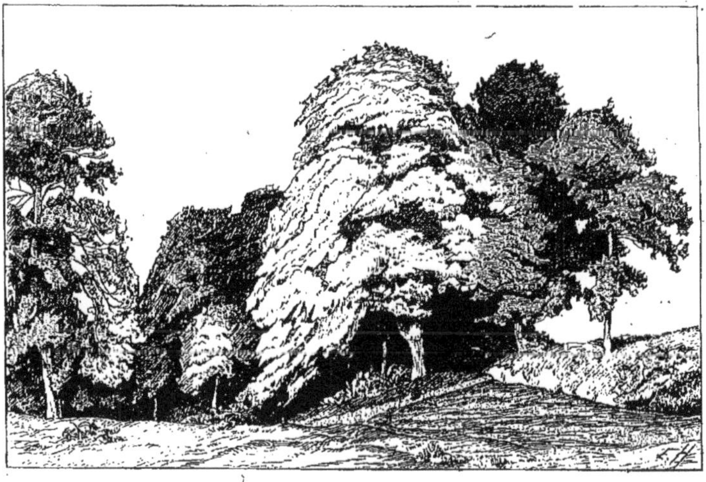

Groupe de châtaigniers.

giste ne doit jamais ignorer. L'anatomie des arbres est aussi utile au paysagiste que l'anatomie du corps humain est indispensable au peintre de figures.

Le feuillage. — Les premières études d'arbres feuillus devront être faites en choisissant des arbres dont le feuillage soit bien massé par plans d'ombre et de lumière. Les chênes, les châtaigniers, les noyers, etc...... seront choisis de préférence aux arbres grêles et aux feuillages menus.

Le groupe des châtaigniers représenté par notre dessin montre un spécimen du genre qu'il faut rechercher et de l'éclairage qu'il est utile de choisir afin de faciliter le dessin par des oppositions de lumière et d'ombre bien tranchées.

Les études d'arbres demandent, pour être profitables, une attention et un soin tout particuliers. Il faut en faire beaucoup de dessins, c'est la meilleure manière d'apprendre à bien les construire.

Nous savons, par expérience, combien il est difficile de se résoudre à dessiner quand on a l'habitude de peindre et tout en donnant le meilleur conseil, nous craignons bien qu'il ne soit pas suivi, au moins dans les commencements où l'on veut quand même faire un tableau chaque fois que l'on s'installe pour peindre. Toutes ces faiblesses, nous les avons eues, et c'est pour éviter aux jeunes artistes, de perdre, comme nous, un temps précieux, que nous venons leur dire : « Ne faites pas d'études faciles et amusantes, apprenez votre art et surtout votre métier ! » Dans un chapitre placé plus loin, nous donnerons la manière de faire des dessins, qui sont presque de la peinture et dont l'exécution est si agréable qu'elle donne le goût du dessin, même à ceux qui y sont le plus rebelles.

Quand on a mis en place la silhouette d'un arbre, que l'on a bien mesuré, par comparaison, la largeur avec la hauteur et divisé méthodiquement les masses d'ombre et de lumière, on arrête les contours avec un trait d'encre de Chine et l'on passe un lavis à l'encre pour conserver l'effet. Le dessin d'un seul arbre suffit pour en faire une étude peinte.

Il est nécessaire que ces études soient grandes, afin de bien préciser la forme et qu'il n'y ait rien de livré au hasard, au coup de brosse heureux qui fait bien, mais qui n'est pas juste. Ces études doivent être faites avec conscience ; c'est l'étalon auquel on pourra recourir avec certitude ; il faut donc qu'il soit exact ; s'il était interprété, même avec beaucoup d'adresse, ce serait toujours du chic, il deviendrait inutilisable.

La manière de peindre se rapporte à tout ce qui a été dit précédemment. Nous ajouterons toutefois, que pour peindre un seul arbre, on doit se placer de façon à bien voir l'ensemble, mais à ne pas s'éloigner au point de ne plus voir que les masses d'ombre et de lumière ; il faut que l'on puisse distinguer la forme du feuillage, cela est nécessaire à l'exécution pour peindre dans le sens.

Nous ne voulons pas dire que l'on doit peindre toutes les feuilles, non, cependant, nous pouvons affirmer que les grands maîtres du paysage ont étudié les arbres en peignant toutes les feuilles. Corot, Rousseau, Troyon, etc..... ont laissé de ces études patientes qui, si elles n'ont pas la valeur artistique de leurs tableaux, sont les éducatrices sévères qui les ont conduits à peindre des chefs-d'œuvre. On ne doit jamais craindre de faire trop de détails dans une telle étude, pourvu que ces détails soient bien dans la valeur du plan qu'ils occupent. Il est évident que si l'on peignait toutes les feuilles en les détachant par une ombre et par une lumière, ces ombres et ces lumières détruiraient la valeur générale; cependant on peut y mettre beaucoup de détails utiles, qu'il sera toujours temps de simplifier à l'atelier, quand on les recopiera.

Beaucoup de personnes pensent que l'on doit peindre les études en

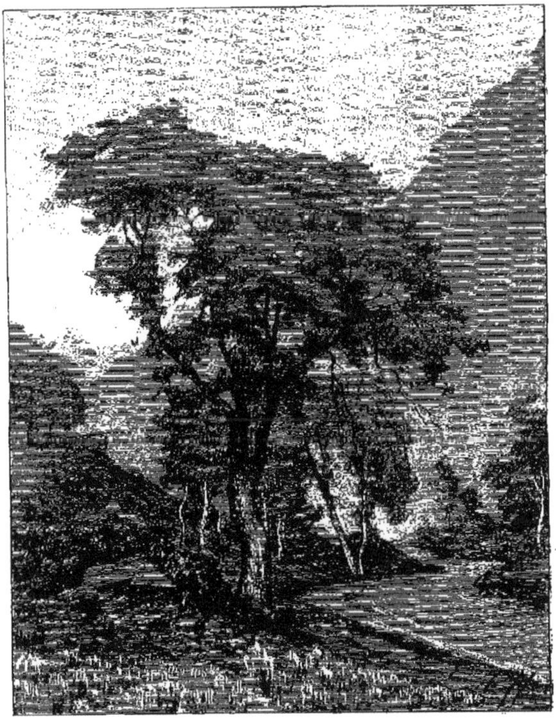

L'étude d'un arbre.

une heure ou deux et n'y plus retoucher pour qu'elles soient bonnes. Combien d'élèves nous ont dit : « Si je retouche, j'abîme tout ; mes meilleures études sont celles que je n'ai pas retouchées. » C'est un aveu d'impuissance dont les artistes doivent se préserver. Nous en avons connu beaucoup qui, n'ayant pas eu le courage de faire des études patientes, comme on fait des devoirs et des pensums étant jeunes, en sont restés à la pochade toute leur vie et n'iront jamais plus loin; n'ayant demandé à la peinture que de les amuser elle ne leur a pas donné davantage, et les mieux doués sont restés en route; c'est l'éternelle morale que le grand fabuliste donne dans : « *Le lièvre et la tortue.* » Il est souvent pénible de pousser une étude très loin, c'est aussi très difficile. On se désespère en voyant que plus on travaille, plus l'étude devient mauvaise et il faut une grande force de volonté pour continuer, quand, après trois ou quatre séances, on a constaté que le résultat est toujours aussi mauvais. Cependant il faut redoubler d'énergie car c'est le seul moyen d'apprendre; d'ailleurs on est toujours récompensé de sa persévérance, car, à la cinquième ou sixième séance, le mieux s'accentue et l'on reprend courage; puis il arrive toujours un moment où l'on comprend mieux, où les dessous sont amenés à un tel point que, d'une touche plus savante, on résume ce que l'on a patiemment étudié et l'on est surpris de finir tout à coup dans une séance que l'on n'avait pas soupçonné être la dernière.

On ne sait pas assez combien de temps les maîtres ont passé à faire des études et, tel petit tableau, qui semble peint en quelques heures, a souvent demandé plusieurs semaines de travail à son auteur. Bien peu de personnes se doutent que la petite toile de Corot, représentant une vue du Colisée à Rome, qui fait partie du musée du Louvre a demandé au Maître vingt-six séances d'après nature ? Nous tenons ce renseignement de notre ami Emmanuel Damoye, le paysagiste bien connu, qui fut l'ami et l'élève favori de Corot.

Corot disait souvent à son élève Damoye qu'il fallait travailler le plus longtemps possible sur la même étude, que c'était le *seul moyen d'apprendre !* La pochade, lui disait-il, *ne devrait être que le résultat des études !* Nous sommes heureux de nous rencontrer aussi exactement avec un tel maître !

Il y a plusieurs moyens pour peindre les arbres, et il n'est pas défendu de les employer, à la condition expresse que ces moyens demeurent invisibles. L'emploi du couteau à palette par exemple, est un de ceux auxquels il ne faut pas avoir recours, parce qu'il ne peut donner que des formes de hasard et non celles qu'il faut copier dans la nature. Courbet qui fut un très grand paysagiste, se servait souvent du couteau pour exécuter ses paysages, mais cela n'est pas une raison pour qu'on cherche à l'imiter, au contraire, car ce n'est pas avec le couteau à palette que Courbet a peint ses chefs-d'œuvre. Si l'on parvenait même à faire aussi bien que Courbet, on n'y trouverait aucun succès, puisque ce serait continuer les procédés d'un autre et qu'on y perdrait toute originalité.

Il ne faut pas non plus se préoccuper de l'exécution poussée à l'imitation excessive, sous peine de perdre le but qui est l'art, pour ne montrer que le moyen, lequel ne doit toujours avoir qu'un rôle secondaire. Ce qui est le plus difficile à comprendre en art et principalement en peinture, c'est que l'exécution ne compte pas, que c'est la pensée, l'impression, la sensation éprouvée qu'il faut faire ressentir aux autres. Ce n'est pas les détails de cet arbre secoué par le vent, ni toutes les feuilles qui voltigent autour, si elles sont étudiées une à une, qui nous donneront la sensation d'une bourrasque ; ce n'est pas parce que l'écorce de l'arbre sera rendue dans tous ses détails que le tronc d'un saule nous intéressera ; les matins, peints par Corot montrent suffisamment la justesse de ce que nous essayons d'expliquer. Ce qui émeut, la seule chose qui doive préoccuper un artiste, ce qui doit être sa pensée constante, c'est l'impression d'ensemble qu'il doit traduire pour la communiquer.

C'est, comme nous venons de le dire, ce qu'il y a de plus long à comprendre pour un peintre, parce que les études sont si difficiles à faire, qu'on arrive peu à peu à ne plus voir que l'exécution et à croire que l'imitation est le but. Ce qui est extrêmement difficile, plus difficile cent fois que d'exécuter n'importe quel morceau, c'est de ne pas montrer que l'on sait exécuter, quand on a passé vingt ans à apprendre.

Le grand problème est là ! il faut savoir tout admirablement exécuter et ne pas le montrer, sous peine de distraire le spectateur par des détails qui l'empêchent de voir l'effet général. Pour obtenir ce résultat, il faut synthétiser, résumer, savoir prendre dans une valeur, le détail typique qui fait croire que tout est exécuté. Si vous ne peignez que deux ou trois feuilles dans une masse et qu'elles soient choisies judicieusement, la pensée du spectateur complétera le reste; si vous lui montrez toutes les feuilles, il ne verra que ce que vous montrez et ne pourra réfléchir ni sentir ce que vous voulez lui faire éprouver et comprendre. C'est par les valeurs que l'on arrive à tout, l'exécution est de seconde importance, mais pour savoir résumer, synthétiser quand on exécute, il faut avoir beaucoup étudié ; car il est toujours très difficile de faire simple et bien. Corot disait souvent : « La nature est composée de certitudes et d'incertitudes » ce qui voulait dire qu'il ne fallait pas chercher à être plus fort qu'elle en précisant tout.

C'est pour être fidèle à notre promesse de tout dire sur les moyens employés par les artistes et par les peintres de commerce dans leurs *tableaux meublants*, ainsi que les désignent les commissaires-priseurs à la salle des ventes, que nous allons indiquer des trucs curieux à connaître, mais que l'on devra bien se garder d'employer, pour ne pas faire soi-même d'horribles choses qui n'ont rien de commun avec l'art.

Voici un procédé employé par ces peintres, pour imiter l'écorce des arbres : le tronc de l'arbre est peint d'un seul ton foncé fait avec du noir et du brun rouge. Ce ton est étendu avec du siccatif pur et il sèche en peu de temps. Quand il est presque sec, voici comment on exécute les rugosités de l'écorce : on emploie à cet effet un pinceau spécial, dit pinceau à trois mèches, et qui se compose en réalité de trois petits pinceaux à filets courts de poils, emmanchés autour d'une hampe unique. On prépare sur la palette trois tons de même valeur, mais de colorations différentes, et l'on prend chacun de ces tons avec une seule pointe du pinceau ; quand le pinceau triple est ainsi chargé on peint avec, l'écorce de l'arbre en descendant et en remontant; dans le mouvement que l'on fait en traçant le chiffre huit et en roulant continuellement dans les doigts la hampe du pinceau, cela fait passer les lignes les unes sur les autres et donne un travail très curieux que l'on retouche en ajoutant des lumières aux places voulues.

Les feuillages sont obtenus avec des brosses coupées plus ou moins, selon la nature des feuillages que l'on veut obtenir. L'on procède toujours par une ébauche très foncée en ne se servant que de siccatif pour liquide. Plus on veut obtenir des arbres clairs, plus on les ébauche foncés, et l'on revient ensuite avec des tons clairs, chiquetés, ressemblant à ce que les peintres de décors font quand ils peignent du marbre. Les brosses coupées et les brosses dites en éventails s'emploient à cet effet parce qu'elles laissent des petites touches qui imitent vaguement les feuillages, cela fait de l'effet et amuse les curieux, mais nous le répétons, c'est l'antipode de l'art.

Voici encore un moyen curieux employé par ces industriels pour imiter les broussailles de bois mort et les champs d'herbes folles, vues au premier plan ; ils font plusieurs tons de colorations diverses, mais très claires, ils peignent avec des brosses dures, longues de soies, et s'appliquent à rayer la pâte épaisse dans des sens différents, comme pourraient l'être des herbes folles enchevêtrées dans tous les sens et comme cela se produit dans les tas de branchages coupés ou dans ces espèces de fagots légers que l'on nomme des bourrées. Cette préparation est laissée quelques jours pendant lesquels elle sèche à fond ; puis on revient dessus en la barbouillant en plein avec des tons verts de toutes nuances très foncées ou bien, si l'on veut obtenir des branches mortes, c'est avec des tons bruns, ou terre de Sienne, que l'on fait cette seconde préparation, en se servant toujours de siccatif pur. On laisse encore sécher un jour ou deux puis l'on racle le tout avec un rasoir qui en enlevant toutes les épaisseurs fait apparaître des détails d'une finesse de dessin, que rien ne saurait égaler. Ce travail est très curieux, mais comme les valeurs n'existent pas, ce n'est que curieux et pas autre chose.

Nous allons revenir à des démonstrations plus utiles et nous occuper des moyens de peindre l'eau dans tous ses aspects, l'eau calme, l'eau agitée, les torrents et les cascades.

L'eau calme. — L'eau tranquille avec les reflets des choses qui l'environnent n'est pas aussi difficile à peindre qu'on le pense communé-

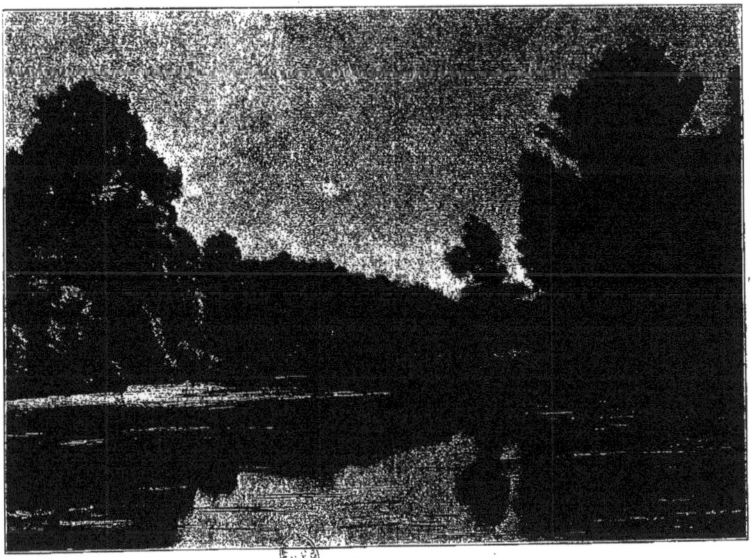

L'EAU CALME

ment. C'est bien souvent une question de patience qui fait réussir, et le charme qui s'en dégage fait que le public à son insu se montre bien plus indulgent pour une peinture quand il y voit de beaux reflets doublant identiquement le paysage.

Pour n'en faire que des études, c'est assez simple; l'on y réussit plus ou moins, mais on produit toujours quelque chose d'agréable si l'on copie exactement et peint avec peu de couleur afin d'obtenir une facture lisse qui est la condition expresse de l'illusion. Lorsque l'on compose dans l'atelier, c'est autre chose; si l'on veut faire refléter des arbres, des maisons, des animaux, ainsi que les nuages du ciel, sans les avoir vus et copiés d'après nature, il faut nécessairement avoir recours à des opérations de perspective et connaître les moyens à employer. Ces moyens s'apprennent très facilement dans les livres techniques; les traités de perspective écrits pour les peintres sont nombreux; il sera donc facile de s'en procurer. Ces livres sont indispensables aux débutants et ils sont parfois nécessaires aux plus savants, car on oublie en ne pratiquant pas et il arrive fréquemment qu'on est amené à les consulter pour une petite opération qu'on avait cru savoir par cœur. Il ne faut pas se désoler outre mesure si l'étude de la perspective semble trop abstraite, car le manque d'aptitudes à cette science est souvent un brevet de dispositions très grandes pour la peinture et en particulier pour le paysage. Il suffit généralement aux paysagistes de savoir dessiner correctement et de copier ce qu'ils observent, pour ne pas faire de fautes de perspective, mais cela n'est pas une raison pour en ignorer les lois et les règles; car il faut pouvoir n'être embarrassé en rien et l'on n'est jamais trop savant.

Pour peindre l'eau tranquille, il est indispensable d'exécuter sans épaisseurs de pâte et de peindre dans le sens vertical en noyant tous les contours. C'est ce vague, qui montrant une forme pour ainsi dire impalpable, donne si bien l'illusion de l'eau quand il y a, à côté, la comparaison et l'opposition de l'objet reflété. Il est facile de faire une imitation passable de l'eau tranquille, quand on peut y peindre soit des rides claires formées par le vent, ce qui fait couper les reflets verticaux par des lignes horizontales et claires reflétant le ciel, ou bien soit des lignes horizontales formées avec des mousses ou des végétations comme il s'en trouve dans les eaux stagnantes des étangs ou des mares.

Ce qui est aussi très intéressant à peindre et qui aide beaucoup à donner de la transparence aux eaux, ce sont les roseaux dont les courbes des feuilles se reflètent gracieusement. Les nénuphars, dont nous parlerons bientôt sont aussi des auxiliaires précieux, car ils mettent des lignes horizontales très utiles et des notes claires sur des reflets foncés qui semblent leur donner de la transparence et de la profondeur.

L'observation des valeurs est avant tout ce qui donne l'illusion ; en les observant on sera vite initié à une foule de petits mystères d'exécution qui demanderaient de fatigantes démonstrations pour le lecteur. Ce que nous pouvons encore lui dire, c'est que d'une manière générale, l'eau aussi transparente qu'elle puisse être, a toujours une coloration ; elle teinte par conséquent tout ce qu'elle reflète et en observant les valeurs on s'aperçoit facilement que le reflet atténue l'intensité des lumières. Tel objet qui est très clair, comme le mur blanc d'une maison ou le linge étendu sur la haie dont la blancheur est éclatante en plein soleil, se refléteront beaucoup moins clairs ; il en est de même d'un objet noir soit la porte ouverte d'une maison, soit la masse d'ombre des arbres dont les vigueurs se verront atténuées, les reflets paraîtront beaucoup moins noirs dans l'eau. Ceci est une constatation que l'on fera et qu'il n'était peut-être pas inutile de faire ici. Pour terminer, nous recommanderons encore de peindre les eaux tranquilles d'une manière lisse, quels que soient leurs reflets, et de ne peindre en pâte que les objets qui reposent dessus, comme les plantes, les bateaux, les canards, etc...

Les nénuphars. — Cette plante aquatique, dont les larges feuilles échancrées laissent passer la grosse fleur jaune ou blanche, est, pour le peintre, une amusante étude à faire. Les feuilles sont d'un vert clair qui fait très bien sur le reflet foncé des eaux calmes ; elles sont gracieuses de forme, leur tissu est lisse et vernissé, l'éclat du soleil y accroche des lumières vives et d'une grande puissance qui aident à donner beaucoup d'effet aux premiers plans d'un tableau. Vues sous un autre angle et par un autre effet, elles se silhouettent souvent vigoureusement sur les parties claires des eaux, ce qui est d'un grand secours pour l'artiste qui sait se servir de cette opposition.

Pour exécuter cette étude, il est indispensable de la dessiner très correctement et feuille à feuille. Ce sont des portraits très ressemblants qu'il faudra faire, et ne pas se contenter d'un à peu près, en profitant des hasards de la brosse. L'on aura souvent l'occasion de se servir de cette étude pour terminer des tableaux à l'atelier ; il est donc nécessaire qu'on y puisse trouver le document le plus complet, il sera toujours loisible de l'interpréter. Quand on aura préparé, comme il a été dit, les dessous pour chaque chose, que la palette aura été augmentée de quelques tons verts composés *ad hoc*, on commencera à exécuter, en peignant le ciel et les terrains qui servent de fond. On peindra ensuite les roseaux foncés et c'est par ceux qui sont en avant et qui reçoivent la lumière que l'on terminera. Il est peut-être inutile de dire que lorsque les roseaux passent devant un groupe de feuilles, on doit tout d'abord peindre les feuilles. C'est toujours par les ombres que l'on commencera à peindre les feuilles et c'est par les grandes lumières qu'on les terminera, en observant bien les colorations de ces lumières, le ton exact des petits accents lumineux qui bordent les feuilles, et enfin les traits noirs qui détachent la feuille de l'eau d'une autre façon que l'ombre d'une feuille, sur une autre feuille. Les fleurs se peignent à la fin et l'on doit bien observer qu'elles sont de valeurs différentes ; il ne devrait pas y en avoir une de semblable à l'autre comme valeur et comme dessin, dans une étude bien faite, quoiqu'elles semblent toutes du même ton

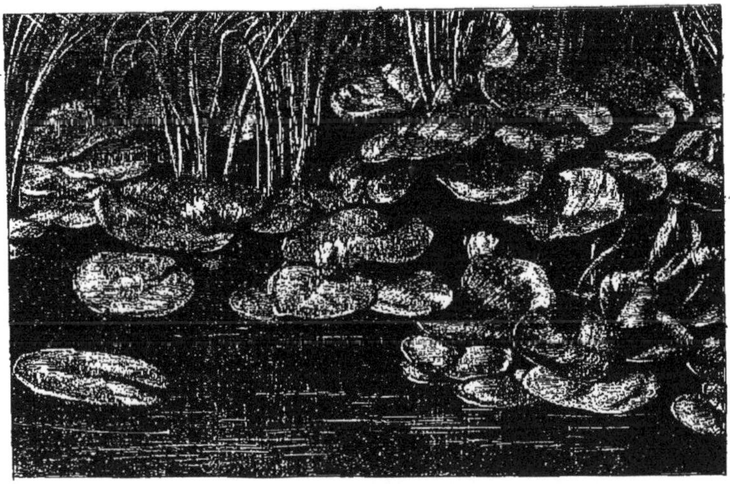

Les Nénuphars.

jaune ou blanc. Ceci nous remet en mémoire une démonstration des valeurs que Corot fit un jour à un élève; celui-ci ne comprenait pas que, sur un terrain de premier plan, des fleurs blanches placées à différentes distances, quoique très rapprochées, ne fussent pas de la même valeur. Le maître prit une feuille de papier à lettre qu'il déchira en seize petits morceaux et les jetant sur le plancher de l'atelier, il dit : « Faites une étude de ces papiers et si vous leur donnez leurs valeurs « justes, le plancher fuira ; si vous les peignez tous d'une seule valeur, « il n'y aura pas de perspective. » L'élève fut confondu, n'ayant jamais supposé que les morceaux d'un papier blanc uni deviennent autant de valeurs et de blancs différents, lorsqu'ils ne forment plus un tout et qu'ils se trouvent placés à des plans différents, même très rapprochés.

Les roseaux. — L'ébauche, après un dessin correct, doit se faire en procédant par masses, lorsque l'on peint des roseaux. Il faut éviter

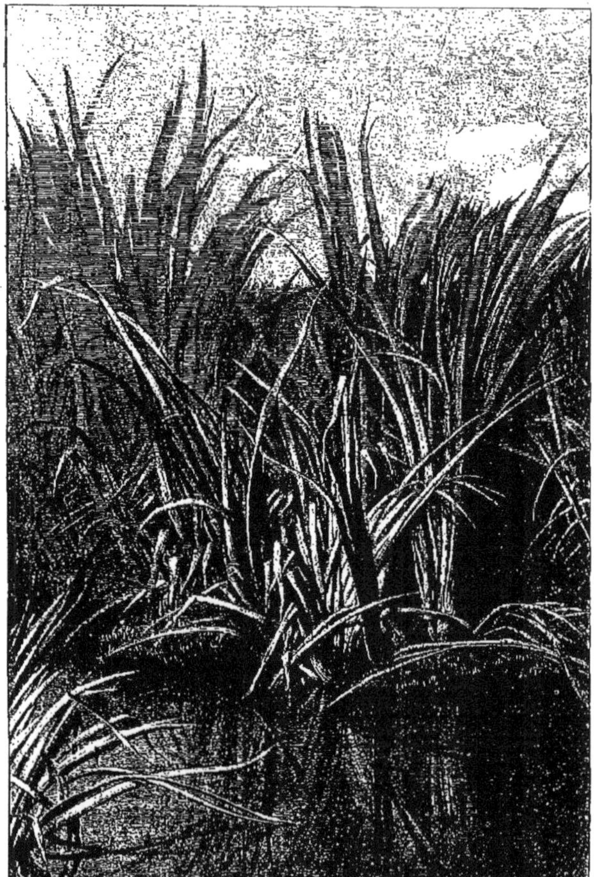

Les Roseaux.

autant que possible, les détails pour les réserver et les concentrer à un endroit unique de tout premier plan :

La confusion de détails est toujours nuisible à l'ensemble. Le dessin avec le pinceau doit être exécuté avec la plus grande attention pour que les courbes soient gracieuses et bien dans le caractère de la forme. Voici comment on procède ; les tons préparés à l'avance ainsi que le blanc et les couleurs mères devront être détrempés avant de commencer à peindre. Cette opération se fait en ajoutant dans chaque couleur quelques gouttes d'huile pour les rendre très liquides, afin que le pinceau à filets puisse les prendre facilement ; ceci facilite l'exécution, en permettant de placer des lumières souvent très vives et d'une ténuité de forme impossible à obtenir autrement. On peint tous les dessous d'abord et l'on emploie à cet effet des brosses longues de soies pour exécuter les masses d'ombre et de demi-teintes ; le pinceau à filets est employé ensuite pour faire les détails, dessiner certaines pointes des feuilles et surtout pour accentuer des vigueurs, détailler des masses et enfin placer les grandes lumières qui terminent l'étude. Est-il besoin d'ajouter que l'eau devra être peinte avant d'exécuter les roseaux ? Cela aura été deviné certainement, puisque, pour bien exécuter, on sait que c'est par les plans les plus éloignés qu'il faut commencer en les étageant successivement, pour finir par les dessus qui sont de tout premier plan.

Les cascades et les eaux torrentueuses. — Dans les pays rocheux, les rivières ou les torrents roulent leurs eaux à travers mille obstacles qui les entravent et les rendent fort intéressants pour un paysagiste épris du pittoresque et de la nature grandiose.

Par un temps normal, dans les courants qui descendent des montagnes, la couleur des eaux est blanche, verte ou bleue. Pour exécuter des études d'eaux torrentueuses, il faut dessiner très exactement les cascades et les rochers ; la forme précise est de rigueur, afin de ne pas être exposé à des repentirs qui enlèveraient tout le charme du travail.

Quand le dessin est terminé, on ébauche toute l'étude avec des frottis pour la mettre en valeur et voir l'effet d'ensemble. L'ébauche des rochers se fait en plaçant les valeurs sans trop s'occuper du ton et en supprimant tous les détails. L'eau doit être peinte dans le sens où elle coule et comme pour tout ce que l'on peint, il faut placer les tons les plus foncés en premier lieu, continuer par les demi-teintes et terminer par les lumières. Dans l'ébauche on peut réserver l'apprêt blanc de la toile pour faire les lumières momentanément. Cette façon de procéder a l'avantage de laisser toute liberté d'exécution quand on revient le lendemain continuer son étude ; si l'on avait mis les lumières et qu'elles n'aient pas eu le temps de sécher suffisamment, on en éprouverait une gêne qui peut être évitée, puisque l'apprêt blanc suffit à l'ébauche.

La transparence de l'eau n'est pas une difficulté ; c'est de l'observation surtout qu'il faut apporter à ce travail. Dans la cascade que montre notre dessin, on voit un tronc de sapin qui est venu se prendre entre les rochers et faire un barrage que l'eau surmonte, laissant voir le bois de l'arbre au travers de la nappe liquide. Pour peindre ce morceau, il faut poser les tons de l'eau dans le sens de leur pente et peindre le tronc de l'arbre en même temps, dans la pâte un peu liquide. L'on repeint ensuite pendant que tout est frais, en plaçant d'un seul coup de pinceau les transparences qui passent par dessus l'arbre ; on ajoute pour terminer

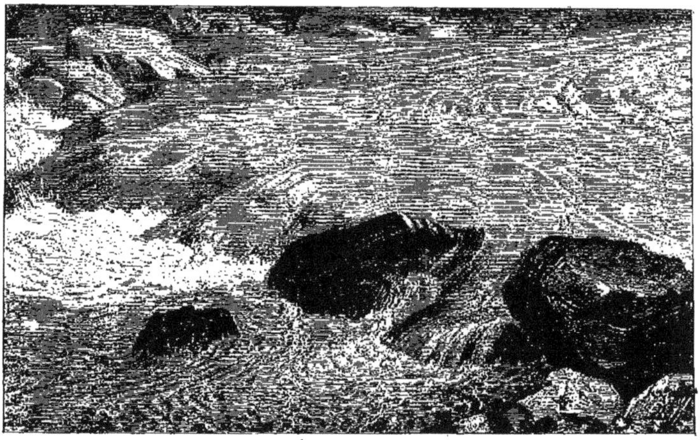

Les eaux torrentueuses.

les petits luisants qui brillent sur certaines parties. Tout le premier plan de l'eau est formé par un remous au bas de la cascade et comme il se trouve en grande partie dans l'ombre portée par un arbre que l'on ne voit pas, c'est par toute la partie de l'ombre qu'il faudra continuer l'étude. Il faut bien examiner le ton local pour en trouver la valeur et la couleur; quand on est suffisamment renseigné on pose le ton général sur la partie d'ombre, puis on place de la même façon le ton local des parties foncées mais situées dans la lumière ; si l'on a eu soin dans l'ébauche de conserver le blanc de la toile, l'effet est déjà très accentué, pour le parfaire on y ajoute les tons blancs de l'écume qui sont vus dans l'ombre, en observant surtout leur valeur et leur couleur par rapport aux blancs de la lumière. Ces parties sont les plus délicates à peindre et demandent beaucoup d'observation ; la forme en se déplaçant continuellement complique l'étude du dessin et pour exécuter brillamment, il ne faut, pour ainsi dire, pas retoucher un coup de pinceau, sous peine de l'alourdir. Comme il est difficile de donner d'un seul coup la forme, la valeur et le ton juste, voici ce qu'il faudra faire pour faciliter ce travail. Avec la pointe de la hampe du pinceau, on tracera dans la couleur fraîche le dessin des anneaux formés par les mousses blanches et quand on se sera assuré des places, on n'aura plus qu'à chercher exactement la valeur et la couleur de ces anneaux de mousse dans l'ombre, par rapport à ceux qui sont dans la lumière et dont la note blanche est le point le plus clair de toute l'étude. C'est par ces tons éclatants que l'on terminera les eaux en se souvenant toujours que l'on ne doit jamais employer le blanc qui n'est ni vrai ni lumineux. Il est utile de préparer plusieurs tons très clairs pour que les blancs aient plus de variété. Il est nécessaire aussi de ne pas empâter ces lumières avec exagération, car on arriverait immanquablement à leur donner une consistance, une opacité qui nuirait à l'exécution des rochers ; ces derniers ne seraient jamais assez solidement peints.

Les rochers se peignent après avoir exécuté les cascades ; si à l'ébauche on a bien observé les valeurs, il reste peu de chose à y ajouter pour les terminer. Cependant il se peut que les rochers aient une grande importance s'ils se trouvent sur le premier plan et s'ils ont été le prétexte de l'étude ou du tableau ; c'est pourquoi, nous allons dans le chapitre suivant, donner toutes les indications sur la manière de peindre les rochers.

Les rochers. — La précision du dessin est un des principaux facteurs du succès quand on veut faire des études de rochers ; c'est pourquoi on ne saurait trop recommander aux commençants de procéder par une recherche exacte de la forme. Ce sont des portraits ressemblants qu'il faut faire, l'étude ne sera jamais trop poussée ; il ne faut rien omettre, tout peut, à un moment donné, être utilisé. Il ne faut pas oublier que nous ne faisons ici que des études, lorsque nous ferons des tableaux, nous tiendrons un autre langage.

La peinture des rochers est relativement facile pourvu que l'on travaille toujours avec le même effet et que l'on revienne chaque jour à la même heure si l'étude demande plusieurs séances. Le dessin montre des grosses roches vues en novembre par un temps gris pluvieux, où la lumière est très douce ; c'est au moment des grandes eaux chargées d'écume. Quand on procède à l'ébauche sur un dessin mis en valeur à l'encre de Chine, on peut, si l'étude n'est pas très grande, peindre avec des frottis en employant un liquide siccatif et terminer du premier coup. Si l'étude est grande et qu'on ait résolu de la travailler autant que cela sera possible, il faudra ébaucher en demi-pâte, c'est-à-dire en employant la couleur sans y ajouter de liquide pour qu'elle ne soit pas en glacis et avoir soin de ne pas mettre des épaisseurs de pâte qui deviendraient gênantes pour l'exécution dernière, et auraient aussi l'inconvénient de mettre trop de temps à sécher. En ébauchant, il faut avant tout s'occuper des valeurs qui sont relativement faciles à trouver par un effet gris. Il faut construire les plans de chaque rocher par l'ombre, la demi-teinte et la lumière, peindre dans le sens de la forme et ne pas s'occuper des détails qui viendront s'ajouter ensuite pour terminer.

Quand on reprend une ébauche, il faut qu'elle soit bien sèche et

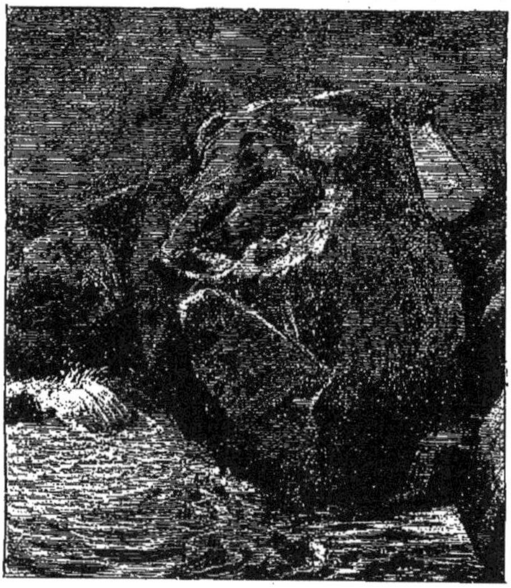

Étude d'un rocher.

qu'elle ne soit pas *embue;* si cet inconvénient se produit, on doit enlever l'embu en passant un peu de vernis *Vibert*, dit vernis à retoucher. C'est un vernis très léger, à base de pétrole ; il sèche instantanément, et permet de peindre, en montrant exactement les tons et les valeurs de l'ébauche, c'est le meilleur moyen de faire disparaître l'embu.

On commence par terminer le morceau principal pour ne pas être entraîné à faire tous les rochers aussi détaillés que ceux du premier plan, et pour qu'ils se simplifient à mesure qu'ils s'éloignent. Comprise ainsi, l'étude, malgré la quantité de rochers accumulés, se résume à un ou deux morceaux principaux auxquels on doit mettre toute son attention et tous ses soins. Les autres, moins étudiés, selon la place qu'ils occupent, sembleront aussi poussés et laisseront l'air circuler partout ; quoique peu exécutés, ces autres plans doivent être très exactement dessinés et très cherchés au point de vue des valeurs. Le gros rocher rectangulaire qui fait le principal objet de cette étude sera repris en commençant par les parties les plus foncées et en s'efforçant de conserver le plus possible l'ébauche, ce qui est d'ailleurs très difficile aux commen-

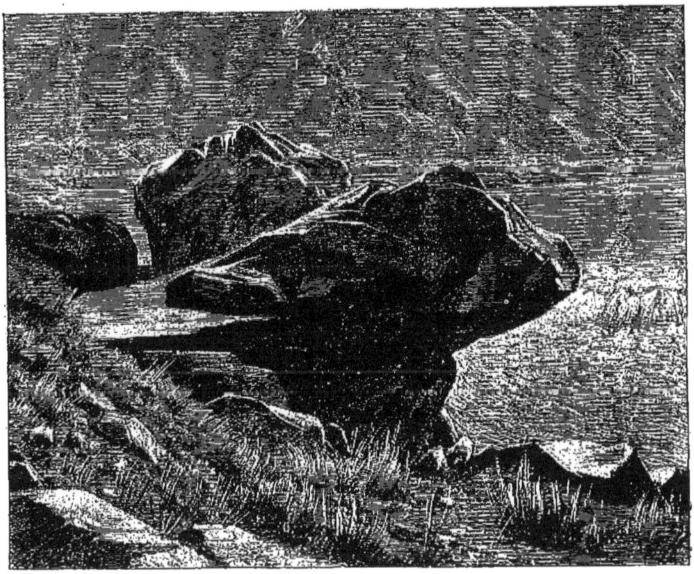

Rochers éclairés par le soleil.

çants. Ceux-ci repeignent tout quand ils terminent, parce qu'ils ne savent pas profiter de l'ébauche qui, ne leur étant d'aucune utilité, puisqu'ils la recouvrent entièrement, leur fait perdre un temps précieux. C'est ce que nous voulons leur éviter. Quand on ébauche, c'est la recherche de la valeur générale d'un plan qui doit seule préoccuper. Pour terminer on ajoute les détails en ne sortant pas de la valeur indiquée par l'ébauche. C'est en employant cette méthode que l'on arrive à simplifier, en ne voyant que le détail typique, celui qui s'impose par sa forme et sa valeur. Tous les autres se perdent dans la valeur générale du plan dont ils font partie et doivent être supprimés.

Il faut faire jouer à l'ébauche le plus grand rôle possible et il suffit dans beaucoup de cas, d'ajouter une petite ombre ou un petit clair pour modeler un détail ; exemple :

Les mousses qui sont sur ce rocher semblent très détaillées ; elles sont cependant très simples et se modèleront avec peu de travail, si l'ébauche est bien en valeur. Il ne faudra qu'un frottis par-ci, par-là, pour que le ton soit plus varié et l'ensemble moins monotone, ensuite on dessinera une petite ombre dessous pour les détacher du rocher ; si cela est nécessaire on ajoutera par place un clair bien mis dans la forme, en laissant paraître l'ébauche entre le clair et l'ombre, et le modelé se produira. Une condition importante dans l'exécution des rochers, c'est que les coups de pinceaux qui dessinent les brisures, soient faits de lignes très raides, que les angles soient très vifs ; c'est ce qui donne le caractère de la dureté du roc. Si les rochers sont éclairés par le soleil comme dans le dessin ci-contre, les lumières et les ombres devront toujours être peintes avec des angles et des plans heurtés brutalement. Il faut éviter la mollesse que donne l'indécision dans la facture et ne peindre en *rond* que lorsque l'on veut représenter des petits rochers ou des cailloux qui ont été roulés par les eaux.

Étude d'ensemble. — Les études précédentes suffisent aux explications qu'il était indispensable de donner aux commençants ; nous allons néanmoins continuer à donner des moyens d'exécution, mais sous une autre forme ; l'élève étant assez instruit maintenant pour aborder des ensembles plus complets, nous allons nous occuper de la manière de prendre un motif, ce qui est aussi l'art de faire un tableau.

Le peintre qui s'arrête devant un motif de paysage dont les lignes le séduisent au point qu'il s'apprête à en faire une étude, se trouve immédiatement en présence d'une difficulté que le format exigu de sa toile, rendra plus ou moins surmontable. Comment dira-t-il, vais-je faire tenir toute cette étendue de terrain dans une toile aussi petite ?

Le problème, en effet, n'est pas très facile à résoudre, car il faut, pour y parvenir, une grande science du dessin, l'habitude de réduire de grandes lignes à de petites proportions, et savoir prendre le motif, c'est ce que Corot appelait : « Savoir s'asseoir ». Pour acquérir cette expérience il faut un goût naturel avec le sentiment de l'élégance et du beau en art, que les années de travail développent. Cependant les conseils d'un maître simplifient la tâche et montrent, en quelques minutes, ce que l'élève le plus perspicace mettrait des années à trouver. Nous allons essayer de dire comment on peut se former le goût, comment on apprend à voir le motif et enfin comment on doit procéder pour le proportionner sur une petite toile.

Pour se former le goût, il faut fréquenter les musées, se procurer

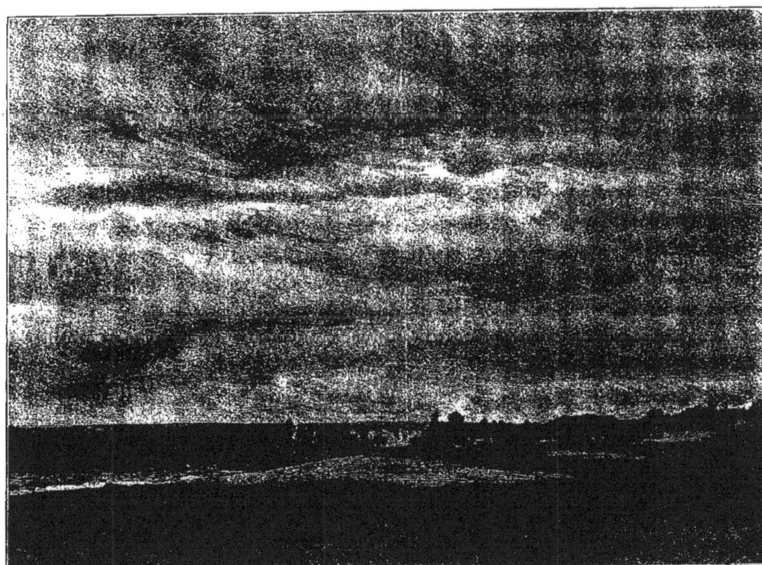

CIEL NUAGEUX (EFFET GRIS LUMINEUX A CONTRE-JOUR)

des reproductions, photographiques ou autres, des tableaux de maîtres et les étudier attentivement, non pas les copier, mais se rendre compte des lignes, voir comment le motif est pris, et pourquoi il fait bien. Il faut encore se rendre compte de la hauteur de la ligne d'horizon et du point de vue, de l'importance des masses d'arbres, de leur silhouette sur le ciel et de leur rapport entre elles par rapport à leur hauteur et à leur largeur. L'effet doit être étudié de la même façon, en examinant où l'artiste a placé le grand clair et le noir le plus fort; comment en un mot il a procédé pour obtenir un effet d'ensemble.

Le goût se forme et se développe en regardant tout ce qui a rapport à l'art, c'est pour cela que les délicieux moments passés à feuilleter les publications artistiques ne sont pas du temps perdu, bien au contraire. S'il est nécessaire de travailler beaucoup, il est aussi indispensable de réfléchir et de regarder, ce que font ou ce qu'ont fait les maîtres ; la méditation est une autre forme du travail, et non la moindre.

Dans la manière de composer un tableau il y a des lois fondamentales, mais elles sont très peu positives, en ce qui concerne le paysage, où l'effet tient la première place. Il n'est pas rare de voir qu'un motif très banal de composition, devienne tout à coup fort beau par un effet qui lui convient. Quand on a une grande expérience, on constate qu'il n'y a rien de laid, ni même de peu d'intérêt, dans la nature; il ne s'agit que de savoir à quelle heure et par quel effet, on doit le peindre. Millet a dit : « Il n'y a rien de vilain dans la nature, tout est une question d'heure et de milieu. »

Pour voir un motif dans un ensemble de paysage, c'est-à-dire, savoir découper par la pensée un morceau qui soit à lui seul un sujet de tableau, il est indispensable de connaître la théorie de la pyramide dont nous avons expliqué l'usage dans les parties précédentes et que nous résumons ici en quelques mots; il faut une masse importante accompagnée d'une autre qui soit moindre.

Le dessin page 66 montre une composition très simple, où la grande masse des arbres de droite est accompagnée et relevée par celle de gauche qui lui est inférieure; les troncs d'arbres qui passent devant et montent dans le ciel sont mis seulement pour ajouter de l'élégance et pourraient être supprimés à volonté. Toutefois, on remarquera qu'ils donnent de la perspective; en montant dans le cadre, ils font deviner la proportion, et grandissent les arbres du second plan.

La pyramide, on le voit, n'est qu'une tradition qui sert de base; c'est un principe, mais ce n'est pas une loi. Il suffit de s'en pénétrer et l'on dispose ensuite tous les motifs en allongeant ou en rétrécissant la pyramide.

Les quelques exemples donnés par les dessins page 67, montrent l'élasticité de la pyramide qui se résume, nous le répétons volontairement, à une masse importante s'étageant et tombant à droite ou à gauche puis se relevant par une masse de moindre importance.

Lorsque l'on s'est familiarisé avec cette pyramide et que l'on sait la voir dans la nature, on a compris comment il y a des motifs partout et avec tout.

Il arrive très souvent qu'un motif se compose presque, mais qu'il lui

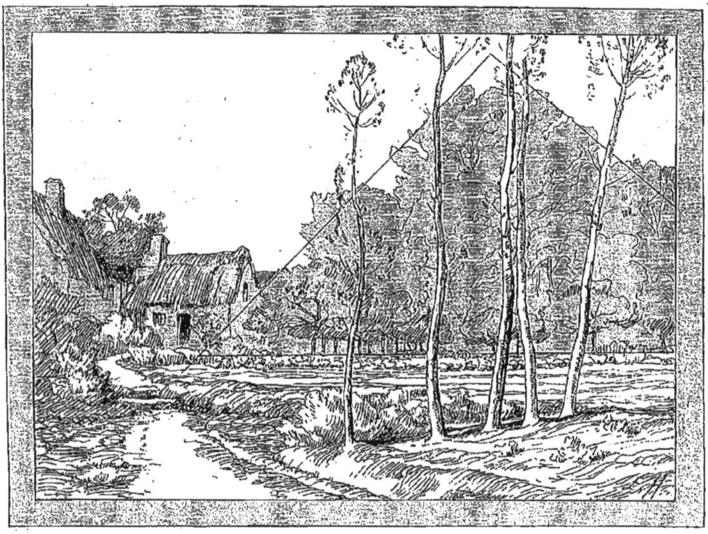

Dessin montrant la théorie de la pyramide.

manque un soutien, une masse quelconque qui vienne équilibrer et soutenir une masse isolée; faute de cet accessoire, on se voit obligé de renoncer à peindre un motif qui aurait beaucoup plu. L'expérience donne au peintre plusieurs moyens pour parer à cet inconvénient. D'abord, il n'y a souvent qu'à se déplacer de quelques mètres pour trouver ce qui manque à la composition, tout en ne changeant pas la direction des ombres; ceci est à voir et à retenir. Mais souvent aussi, il n'y a qu'à trouver dans le ciel une forme de nuage qui soit assez importante pour soutenir et appuyer la composition.

Voilà pourquoi souvent dans le tableau d'un maître, il y a un nuage qui fait si bien et qui est d'une importance que le vulgaire est loin de soupçonner.

Quelquefois aussi, s'il n'est pas possible, étant donné l'effet du ciel et du tableau, de placer à souhait le nuage dont on a besoin, on a recours alors à un autre expédient, en y plaçant le vol d'une compagnie d'oiseaux, corbeaux, pigeons ou autres. Ou bien encore s'il y a des

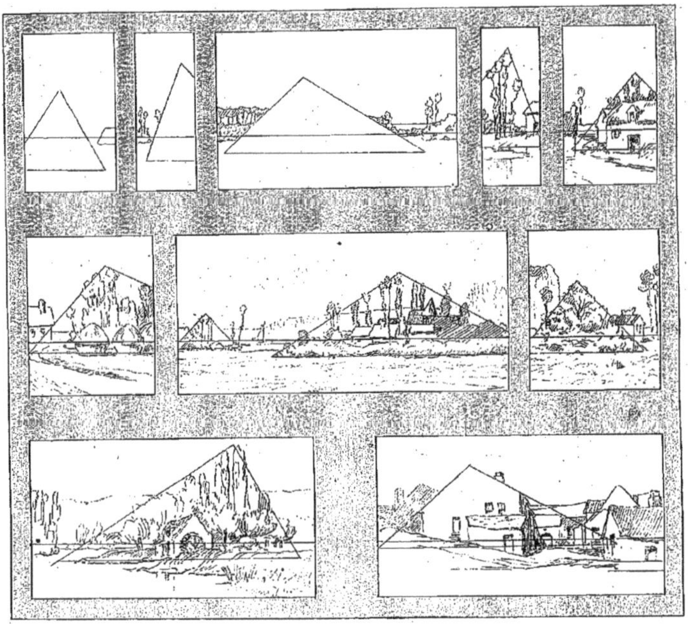

Différentes manières de voir la pyramide.

maisons on fait monter la fumée d'une cheminée à l'endroit où il manque une masse claire ou foncée (voir le dessin page 68).

Il y a aussi un excellent moyen de voir le motif pour le jeune peintre encore peu habitué à travailler devant la nature, c'est l'emploi du miroir noir qui montre non seulement l'arrangement des lignes, mais qui renseigne d'une manière impeccable sur la relation des valeurs. Nous ne saurions trop recommander l'usage de cet objet qui est le plus sûr guide que l'on puisse consulter.

Beaucoup de peintres se servent aussi d'un petit cadre en bois ou en carton, pour regarder le motif au travers ; c'est un bon moyen et très recommandable, pour se familiariser avec les lignes de la composition. Chacun peut faire lui-même ce cadre qu'il suffit de découper dans une carte à jouer ou dans un petit almanach.

La carte à jouer est d'ailleurs suffisante, puisque ce cadre ne sert qu'à voir comment on va prendre le motif, c'est-à-dire, où commencera et où finira le morceau de nature que l'on va peindre. Cette petite proportion permet de garder toujours sur soi cet outil si nécessaire aux jeunes peintres. On peut ajouter à ce cadre, un fil tendu dans le

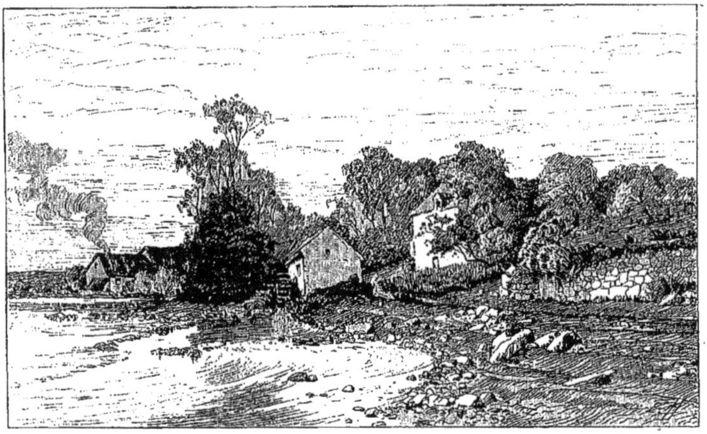

Composition soutenue au moyen d'une fumée.

milieu des deux côtés, hauteur et largeur, cela permet de voir facilement et vite, le rapport des lignes, leur hauteur, etc... Nous pourrions citer beaucoup d'exemples sur la manière de composer un motif, mais ils n'ajouteraient rien, car ils répéteraient ce qui vient d'être dit. Si le motif change d'aspect, le procédé de composition reste le même ; ce qu'on vient de lire nous semble tout à fait suffisant pour le moment. Nous allons dire maintenant comment on doit procéder pour mettre en toile et faire tenir les plus vastes étendues d'un paysage sur une très petite toile.

La mise en place d'un paysage. — Savoir mettre en toile les belles lignes que l'on a observées dans un paysage est une science qui ne réside pas seulement dans le goût ; il faut aussi savoir procéder avec méthode, autrement on y parviendrait très difficilement.

Dans une très intéressante lettre qu'on lira plus loin, le maître paysagiste Henri Harpignies dit que l'on doit créer un *jalon* vertical ou horizontal, avant de donner le premier coup de crayon; nous allons expliquer comment on place un *jalon*. Prenons pour exemple ce paysage des Hautes-Alpes que représente notre dessin page 70.

C'est le village de La Grave, bâti sur la pente d'une montagne ; les proportions en sont vastes et la mise en place difficile. Pour faire tenir

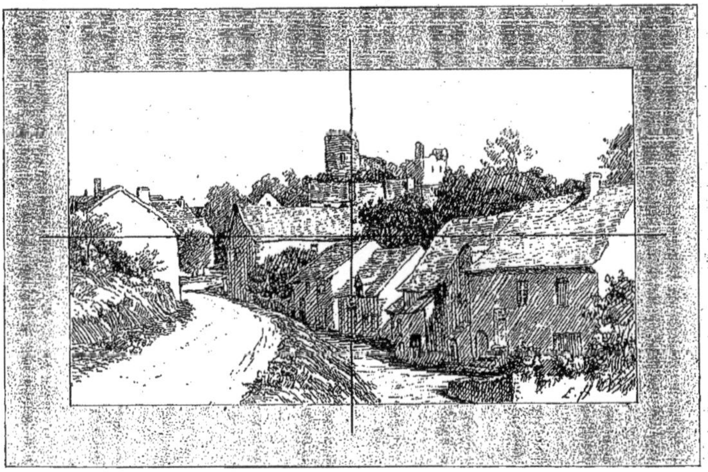

Carte découpée pour voir les lignes d'un motif de paysage.

tant de choses dans le format d'une petite toile, le *jalon* est nécessaire. Ce jalon n'est autre chose qu'un trait d'une mesure déterminée, ayant rapport à une proportion du paysage et servant à comparer la proportion des autres parties. Le *jalon* que nous allons établir pour copier ce paysage sera la hauteur de l'église. Nous commencerons donc par prendre la mesure de toute l'église, depuis la pointe du clocher jusqu'à sa base, y compris le mur du cimetière.

Pour prendre cette mesure on sait qu'il n'y a qu'à tenir le crayon verticalement, allonger le bras aussi loin que la complexion le permet, fermer un œil et placer la pointe du crayon au sommet du clocher pendant que le pouce ou l'index déterminent sur le bas du crayon la place de la base de l'église. Dès que cette mesure est trouvée on la reporte sur la nature en la replaçant au bas de l'église et en vérifiant combien de fois elle est contenue, pour arriver jusqu'à l'endroit du premier plan que l'on a résolu de prendre comme limite au tableau. Ayant constaté que la hauteur totale de l'église tient trois fois et demi, depuis sa base jusqu'au bas du premier plan qui sert de limite à la toile, on reporte cette mesure par des points, comme l'indique notre dessin. Reprenant ensuite le même procédé, l'on constate que le ciel qui a peu d'importance dans ce motif de montagnes, ne doit pas excéder une fois et demi la hauteur de l'église. Mais ceci ne nous donne encore que la proportion

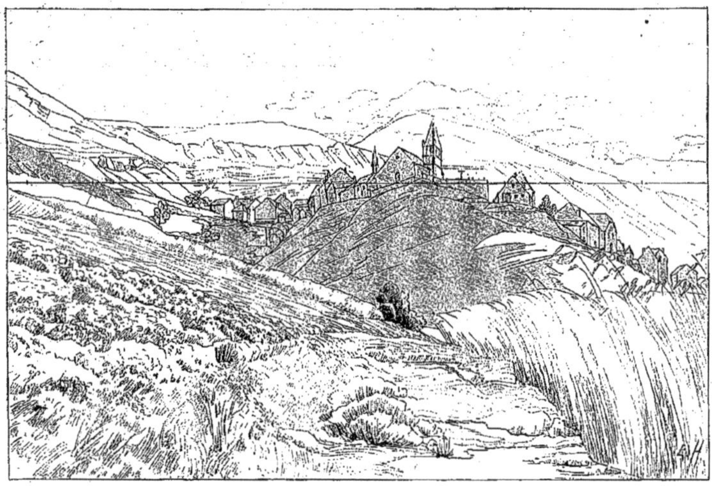

La mise en place du dessin et l'emploi du jalon.

de la hauteur; il nous reste à connaître maintenant la proportion de la largeur, et nous ferons pour nous renseigner le même travail en sens horizontal. Partant du pied de l'église nous placerons le jalon en le renversant et nous trouverons que pour prendre le motif comme il nous semble le mieux, il y a, à gauche de l'église, cinq fois et demi sa hauteur, et que du côté droit, elle n'y est contenue que trois fois et un peu plus.

La mesure prise ainsi peut servir exactement si la toile est assez grande, c'est-à-dire si l'on ne se trouve pas placé trop près du motif, ce qui est assez fréquent. Quand on est en bonne place, ni trop près, ni trop loin, en un mot, quand le format de la toile s'adapte avec les proportions réelles, telles que la nature s'offre à nos yeux, il n'y a qu'à reporter les mesures qu'on a relevées, c'est ce qui s'appelle dessiner grand comme nature. Mais il arrive, le plus souvent, surtout dans les pays de montagnes, que n'ayant à sa disposition qu'un petit format, on est obligé de réduire les proportions relevées sur la nature, pour pouvoir faire tenir dans le petit espace dont on dispose, toute l'étendue que l'on s'est donnée comme limite au motif. Cette réduction est très facile d'ailleurs ; il n'y a qu'à adopter une mesure correspondant exactement à celles que l'on a relevées et diminuer sur la toile la proportion du *jalon* qui a mesuré la nature. Il peut se réduire d'un quart ou de la moitié et plus encore, mais il faudra toujours observer les mêmes rapports entre la hauteur de l'église, du terrain, du ciel, etc..., c'est un peu long, mais le moyen est simple et infaillible.

Lorsque le *jalon* est ainsi connu les proportions générales et la mise en place de chaque partie s'obtiennent facilement. On mesure tout ce qui doit être contenu dans la longueur ou la hauteur du jalon et on l'y fait tenir. C'est un travail amusant et la surprise est souvent très grande lorsque l'on voit peu à peu se proportionner les maisons, les terrains et les arbres. Le dessin est toujours beaucoup plus amusant qu'on ne suppose, quand on a pris la ferme résolution de l'étudier sérieusement et nous dirons en passant que lorsque l'on part pour dessiner un motif, il est bon de se mettre en garde contre soi-même et les tentations de la palette en n'emportant que ce qui est nécessaire au dessin, du fusain et de l'encre de Chine.

Toutes les mesures étant relevées et pointées sur la toile qui doit être blanche ou gris clair, on dessine avec un crayon mine de plomb en n'appuyant presque pas, jusqu'à ce que l'on soit bien certain de la mise en place. Quand la composition semble bonne, on dessine de nouveau en affirmant le trait et en massant les ombres qui s'obtiennent en passant le doigt sur le crayon. Enfin, quand on a la certitude de ne plus rien changer, on dessine à la plume en se servant d'encre de Chine; les ombres se placent avec une brosse en ajoutant un peu d'eau pour faire des demi-teintes plus ou moins claires.

Le dessin ainsi exécuté avec ses valeurs bien observées, doit déjà donner l'effet d'ensemble, c'est ce qui a permis au peintre de constater quelle était l'heure où il devait peindre pour que le motif soit dans les meilleures conditions d'éclairage. Le lendemain, si le temps le permet, on procédera à la première séance de l'ébauche. Il est indispensable que l'effet soit bien celui que l'on a décidé de peindre ; si le temps n'est pas le même il faut peindre une autre étude, mais *jamais il ne faut continuer une étude si l'effet choisi ne se présente pas*. La même recommandation s'impose pour l'heure de l'effet ; la séance ne doit pas excéder deux *heures et demie* sur laquelle il y a la demi-heure pour l'installation et le rangement.

Quand l'effet est passé, il faut cesser ou bien recommencer le même motif par un autre effet, ce qui est un excellent moyen pour ne pas perdre de temps; c'est ainsi que procèdent les peintres impressionnistes qui ne travaillent qu'une heure et souvent moins longtemps dans la même séance. Voici un moyen très recommandable pour ne pas perdre de temps : on fait un décalque du dessin, aussitôt qu'il est terminé, on le transporte sur une ou deux autres toiles que l'on emporte avec soi pour peindre et selon l'heure ou les effets qui se produisent; on a toujours de quoi travailler.

L'ébauche que nous conseillons pour une étude qui doit être poussée aussi loin que la science de l'élève le lui permettra, est une sorte d'aquarelle à l'huile où le ton juste n'est pas indispensable, mais où les valeurs doivent toujours être bien en relation avec l'ensemble. Cette aquarelle à l'huile a d'ailleurs été recommandée au début de cette partie, nous ne nous y arrêterons pas davantage.

Dans la troisième séance, on peindra le ciel et les montagnes du fond, en exécutant du premier coup d'une manière définitive. Dans les séances suivantes, on peint successivement les différents plans et l'on termine par les tout premiers plans qui se nomment aussi les devants du tableau; puis on laisse sécher deux ou trois jours. Quand la peinture est suffisamment sèche pour être désembue, on passe dessus une légère couche de vernis à retoucher (vernis Vibert) et l'on retourne voir, d'après nature, l'effet d'ensemble. Dans cette séance, un peintre savant repeint partout en réglant l'effet; cela consiste à simplifier la quantité des détails toujours immodérée que l'on a été entraîné à mettre, à repeindre des fonds qui n'ont pas assez d'air, à réchauffer un ton de lumière trop décoloré, etc... Cette séance où l'on finit, est celle où l'on enlève justement ce que le public ignorant appelle le fini, le détail, les petites herbes, les petites feuilles, enfin tout ce qui est inutile et détruit les valeurs qui doivent être la préoccupation constante du peintre.

Coloration des plans. — On sait que pour faire fuir un plan de terrain il est nécessaire d'observer trois conditions importantes qui sont les suivantes : la perspective des lignes, la dégradation des valeurs et enfin la décoloration. Si nous prenons pour exemple, le motif de paysage qui vient de nous servir, nous dirons que pour les terrains de premier plan, où se trouve le chemin, la proportion des touffes d'herbes diminue d'importance, à mesure que ces dernières s'éloignent. Leur valeur diminue de violence en fuyant; les accents foncés qui se trouvent placés dessous, sont très noirs sous les premières herbes et deviennent de plus en plus petits et de moins en moins foncés. Quant à la coloration qui est parfois d'un vert intense aux premiers plans, on s'aperçoit facilement qu'elle décroît et devient de plus en plus grise à mesure que les plans s'éloignent.

Il n'est pas rare de voir, dans les tableaux des maîtres, des touches de vert émeraude pur sur les premiers plans. Pour les non initiés ces touches savantes sont incompréhensibles, inexplicables. C'est à ce sujet que nous avons entendu des critiques faire des réflexions extraordinaires devant certaines toiles de Daubigny, où cependant, et malgré leur antipathie, ils étaient obligés de constater qu'à la distance voulue pour voir l'ensemble, le tableau était superbe. C'est tout simplement parce que les valeurs étaient très justes et que leur progression étant très montée, très colorée dans l'ensemble, le maître avait usé de toutes les ressources de sa palette et était arrivé à de telles intensités que le vert pur ne détonnait pas et qu'il était nécessaire, indispensable même pour le recul des fonds.

L'effet et les pochades. — Le plus grand charme d'un paysage réside dans l'effet qui doit avant tout être juste. Un tableau où l'effet n'est pas absolument juste est un mauvais tableau que rien ne peut sauver, quelles que soient l'exactitude du dessin et l'habileté de l'exécution. Pour qu'un effet soit juste il faut qu'il réunisse deux conditions indispensables, justesse des valeurs et justesse des colorations. Un tableau peut être bon, malgré des imperfections de dessin, s'il réunit les deux conditions précédentes ; c'est pourquoi les maîtres comme Daubigny, Corot, Courbet et tant d'autres, ont fait des pochades qui sont des chefs-d'œuvre. La pochade étant le résultat des études, il faut avoir beaucoup étudié pour en faire de belles. Celles des maîtres sont toujours intéressantes parce qu'elles résument toute une vie de travail en quelques notes savantes. Les meilleurs tableaux se font souvent avec une pochade réussie, quand on a acquis une grande expérience après des années d'études ; c'est pour cela que les maîtres ne font plus que des pochades et des dessins très étudiés devant la nature. Le détail ne les intéressant plus, ils résument tout, dans une belle ordonnance des lignes et dans la puissance d'un effet juste.

On sait que, ce que l'on entend par *bien dessiné*, quand on parle d'un tableau, ne veut pas dire que les détails en soient minutieusement exécutés ; on entend par là que l'ordonnance des lignes et la construction des plans soient savamment disposées.

Jules Dupré, le grand paysagiste français, que nous avons eu le bonheur de connaître étant jeune, nous a donné, un jour, un conseil inoubliable. C'était à propos de l'effet dont nous causions et dont le maître se préoccupait avec tant d'énergie : « Voyez-vous mon enfant, nous « dit-il, la justesse et la puissance d'un effet doivent être tels, que « lorsqu'on entre dans une exposition au Salon, ou dans une galerie, « c'est votre œuvre qui doit tout d'abord attirer les regards, du plus « loin qu'on puisse voir l'ensemble des tableaux. Il faut que le visiteur

« se dise tout d'abord : *Qu'est-ce que c'est que cela ?* Si vous obtenez ce « résultat, votre tableau sera bon, soyez-en convaincu ! »

L'effet, on le voit, doit être la première préoccupation du paysagiste, lorsqu'il sait suffisamment dessiner. Le dessin est la base de tout ; sans lui, on ne peut espérer obtenir aucun résultat ; il faut que le peintre soit assez maître de ses moyens pour n'avoir plus la préoccupation des difficultés du dessin et de l'exécution. Quand on travaille d'après nature, on observe, on note tout ce qui est utile à la reproduction de l'effet qui a motivé l'étude ; le dessin et l'exécution doivent se faire d'instinct, l'œil et la main dessinent, exécutent, pendant que la pensée conçoit, que le cerveau observe, classe et note chaque chose. Il faut donc que l'artiste soit assez familiarisé avec ses procédés pour n'en avoir plus la moindre préoccupation, tel le pianiste qui compose sans s'occuper de la place des touches du clavier que ses doigts trouvent instinctivement.

Nous ne saurions donc jamais assez répéter aux jeunes peintres que le dessin et l'étude des natures mortes sont de première utilité pour tout ce que l'on voudra peindre plus tard, que c'est perdre son temps de peindre des paysages quand on ne s'y est pas préparé par de fortes études qui comprennent le dessin, la perspective et les natures mortes. Par ces mots : natures mortes, on sous-entend, les fleurs, les fruits, le gibier, les intérieurs, et comme le dessin comprend la figure et les animaux, il se trouve que pour devenir un paysagiste de talent, il faut avoir tout étudié.

Le paysage est le genre qui compte le plus de médiocrités ; cela tient à ce que l'on se figure généralement que c'est un art plus facile que les autres. En réalité, il est moins difficile de faire rapidement un paysage médiocre qu'un portrait ou un tableau de genre, pour l'amateur qui sait peu de chose, mais il en est autrement quand il s'agit d'exceller dans la peinture du paysage.

La peinture des impressionnistes a ramené une fraîcheur indéniable dans la peinture moderne en général, mais on a souvent exagéré cette fraîcheur que l'on a travestie en la peinture claire, c'est-à-dire blanche, décolorée. Beaucoup de jeunes artistes se sont imaginé que c'est en peignant des tableaux blancs qu'ils feraient des tableaux clairs et lumineux ; c'est une erreur profonde : le blanc n'est pas lumineux.

On commet une erreur analogue lorsque l'on parle des tableaux noirs. Un tableau n'est pas forcément noir parce qu'il est très monté de ton ; un effet de nuit, s'il est bien peint, n'est pas un tableau noir. Ce qu'il faut entendre par tableau noir, c'est celui qui en étant très monté de ton, est d'un effet terne et monochrome.

Il faut faire *coloré* pour faire clair.

Un tableau peut être vigoureux à l'excès, sans être noir, s'il est juste d'effet ; tel un coucher de soleil. Pour qu'il ne soit pas noir, il faut que l'on puisse lire dans les ombres, que les reflets ou le clair-obscur soient savamment rendus.

Le clair-obscur. — Un paysage éclairé par reflets ou par clair-obscur est toujours très distingué, c'est pour cela que les effets crépusculaires sont si recherchés par les peintres. Le clair-obscur est un reflet qui modèle les objets en éclairant les ombres. Ainsi, prenons pour exemple, un arbre de premier plan vu au coucher du soleil et se silhouettant sur un ciel lumineux.

Au premier aspect, l'œil ne perçoit qu'une silhouette découpée, comme la coulisse d'un décor de théâtre, mais peu à peu, il voit le clair-obscur qui modèle, fait tourner cette silhouette, et, à un effet qui semblait plat, donne une forme arrondie et saillante. Ces reflets, ou ce clair-obscur viennent en partie du ciel et du terrain ; la voûte céleste qui se trouve placée au-dessus de l'arbre et en dehors du tableau, se trouvant encore éclairée par les reflets du soleil couchant, selon que cette partie du ciel est plus ou moins chargée de vapeurs, elle éclaire le paysage dans l'ombre et le colore de diverses façons. Si le ciel est pur, sans aucun nuage, au moment où le soleil vient de disparaître, les tons célestes qui dans le bas, sont rouges, jaunes, violets, bleus verts, et bleu foncé directement au-dessus de l'arbre, éclaireront les terrains de premier plan et les masses les plus saillantes des feuillages de l'arbre, d'un reflet froid, c'est-à-dire d'une lumière très douce bleue et grise. Comme la lumière froide qui éclaire le haut du ciel est très peu vive, par rapport à celle du bas du ciel, elle ne renvoie qu'une lumière encore plus atténuée ; cette lumière, ou ce reflet est froid parce que cette partie du ciel est bleue, c'est-à-dire froide. Si au contraire la voûte céleste est chargée de nuages, les reflets ou le clair-obscur seront plus ou moins chauds selon que la lumière des nuages sera intense ou colorée. Si les nuages sont rouge vif, les reflets, quoique moins chauds, seront encore beaucoup plus colorés que si le ciel était sans nuages et par conséquent bleu foncé.

On peut confondre clair-obscur avec reflet, car ils ont, en effet, beaucoup de rapport. Le clair-obscur est la lumière reflétée, ambiante, qui vient de tout ce qui a reçu une lumière et la renvoie, sans que l'on puisse absolument préciser quel est l'objet unique qui renvoie ce reflet. Voici un autre exemple : l'arbre dont nous avons parlé au début de ce chapitre est éclairé par le clair-obscur, c'est-à-dire par tout ce qui flotte dans l'air ambiant, de lumière reflétée par le haut du ciel. Prenons maintenant un autre exemple pour expliquer le reflet et montrer sa connexité avec le clair-obscur.

Supposons le même arbre placé de la même façon et éclairé par le même effet, mais près d'une maison contre laquelle nous sommes adossé pour peindre. Nous ne voyons pas la maison, puisque nous lui tournons le dos. Voici ce qui se produira : plus le ciel sera lumi-

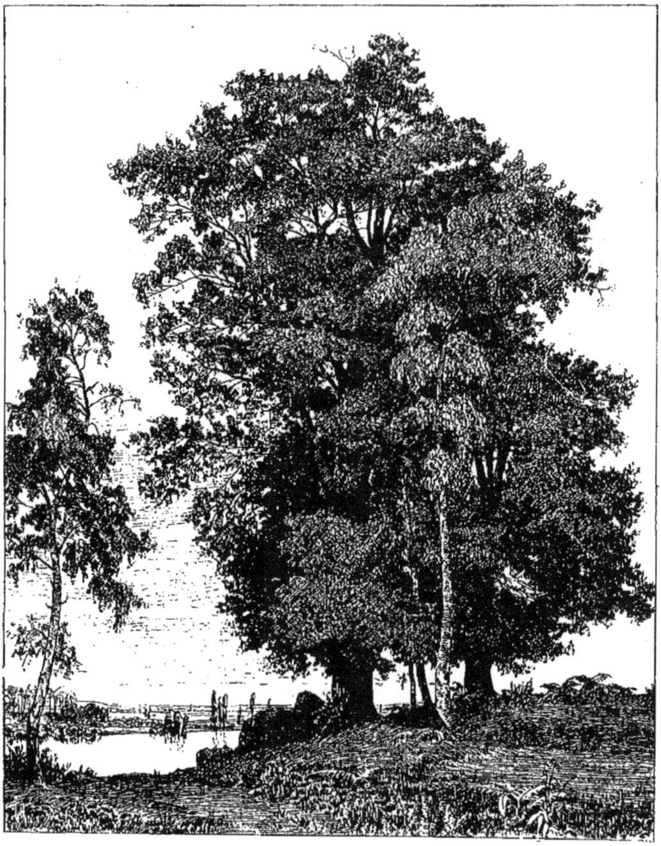

Silhouettes d'arbres éclairées par reflet (ou clair obscur).

neux et coloré, plus il éclairera la maison et plus la maison éclairera l'arbre de son reflet, en sorte que si le ciel est rouge feu, la maison sera rouge aussi, et par contre, les masses saillantes des feuillages et le tronc des arbres seront rouges et claires, par rapport à la silhouette générale qui sera toujours très foncée sur le ciel. En un mot, l'ombre sera éclairée d'un reflet rouge qui sera un reflet et non un clair-obscur.

Le clair-obscur est donc variable selon les lumières environnantes, mais il existe toujours à l'état plus ou moins violent et quel que soit le degré d'obscurité qui enveloppe la nature.

Les effets nocturnes par des nuits sans lune sont encore des effets de clair-obscur que l'on perçoit fort bien quand les yeux se sont accoutumés à l'obscurité. Ce qui tout d'abord avait semblé une masse noire, finit par se détailler et se modeler par le clair-obscur. Nous aurons l'occasion d'en reparler plus loin aux chapitres qui traiteront des effets de nuit.

Les études du clair-obscur sont difficiles à faire justement à cause du manque de lumière dans la nature, car en général ce sont les crépuscules et les effets de nuit qui motivent ces études. On voit aussi en plein jour, se produire des effets de clair-obscur qui sont plutôt des reflets et qui s'observent et s'étudient aisément, mais cela est accidentel, comme par exemple, dans un bois très ombreux quand par une trouée de feuillages, filtre un rayon de soleil, éclairant très brutalement un terrain de gazon ou de roches claires. Toutes les parties d'ombres environnantes sont éclairées par reflet, ce qui est d'ailleurs fort beau. Mais le clair-obscur, le plus fin, le plus délicat, est celui du crépuscule, soir et matin.

La planche ci-contre montre un effet crépusculaire étudié dans le Dauphiné. C'est l'heure où la première étoile apparaît, l'heure si chère aux rêveurs, celle qu'affectionnent les paysagistes et que Pointelin a si bien su traduire dans ses paysages jurassiens.

Le premier plan de ce tableau représente une mare où, parmi les roseaux et les joncs, poussent les frondaisons les plus diverses; plus loin, parmi les saules et les noyers, se montre la pittoresque maison du passeur établie, moitié sur la digue de l'Isère et moitié en contrebas de cette digue. La rivière qu'on ne voit pas, coule entre la maison et les montagnes violettes où se trouvent les défenses militaires qui protègent la ville et, dans le fond, se montre la chaîne des Alpes dont les neiges encore éclairées par le soleil couchant illuminent l'obscurité de cette fin du jour, où la lampe du passeur a déjà piqué sa note rouge.

On remarquera que le paysage se modèle malgré l'absence de lumière et que c'est seulement le reflet du ciel qui produit le modelé en éclairant vaguement les dessus.

Pour peindre un effet semblable, il faut faire des petites pochades de l'effet général et dessiner quand le temps est gris. Avec un dessin bien proportionné et des silhouettes d'arbres très étudiées, on établit chez soi le dessin du tableau et on le peint de mémoire, en consultant la pochade pour donner l'effet général, en copiant les études d'arbres, de terrain et de roseaux que l'on possède en portefeuille; ce genre de tableau ne peut se peindre autrement.

Considérations sur la manière de peindre un tableau. — Beaucoup de jeunes peintres de notre époque font leurs tableaux directement devant la nature, sous le prétexte que le ton en est plus délicat et l'exécution plus sincère. Les uns disent qu'il faut copier exactement ce que l'on voit, que la nature se charge d'arranger les motifs, mieux que les artistes, etc., etc., etc..... Nous avons aussi soutenu cette théorie pendant nombre d'années, malgré les avis de notre maître Ch. Busson et ceux des illustres paysagistes, Corot et Daubigny (car les avis ne sont suivis que lorsque l'expérience personnelle en a prouvé surabondamment leur justesse). Nous sommes en mesure d'affirmer qu'un tableau ne peut se peindre autrement que dans l'atelier. Tous les peintres sincères vous diront que l'on a déjà beaucoup de peine à peindre une très petite étude, pour qu'elle donne exactement l'effet, l'impression, l'heure. Or, est-il admissible que ce que l'on n'a pas le temps d'étudier en petit puisse s'étudier en grand, quand le temps matériel nécessaire pour couvrir la surface est triplé ou quintuplé ? Nous ne parlons que de l'exécution de la copie de chaque chose, ce qui n'est encore que de l'étude; mais pour que cette étude devienne un tableau, c'est bien autre chose ! quel sentiment peut-on mettre ? quelle interprétation peut-on donner ? Quels sacrifices osera-t-on faire devant la nature impitoyable qui vous montre des détails partout ?

Si le peintre possède une grande habileté, il arrivera quelquefois à terminer une grande toile, à la condition que la saison ait été clémente, et que, pendant la durée d'un mois, il ait tous les jours et à l'heure de son effet, un beau temps régulier. On conviendra que cela ne se voit pas souvent. Mais supposons des conditions exceptionnelles de beau temps, est-il admissible que le ciel ait toujours la même fixité, qu'il ne se présente jamais de nuages qui changent la lumière ? Admettons-le cependant. C'est entendu, le ciel est bleu et invariable, quoiqu'on observe que ce bleu n'est presque jamais le même. Eh bien, malgré ces conditions impossibles, le bleu du ciel, qui est une des plus grandes difficultés du peintre paysagiste, ne pourra jamais être exécuté d'après nature, par n'importe quel artiste, fût-il exceptionnellement habile. D'abord il est impossible que la toile de grande proportion puisse être absolument protégée du soleil, le fût-elle même, qu'elle ne pourrait être garantie des reflets environnants qui changent les tons, des luisants qui empêchent de peindre dans certains sens, parce que la touche devient blanche et luisante, des myriades d'insectes qui, se collant dans la pein-

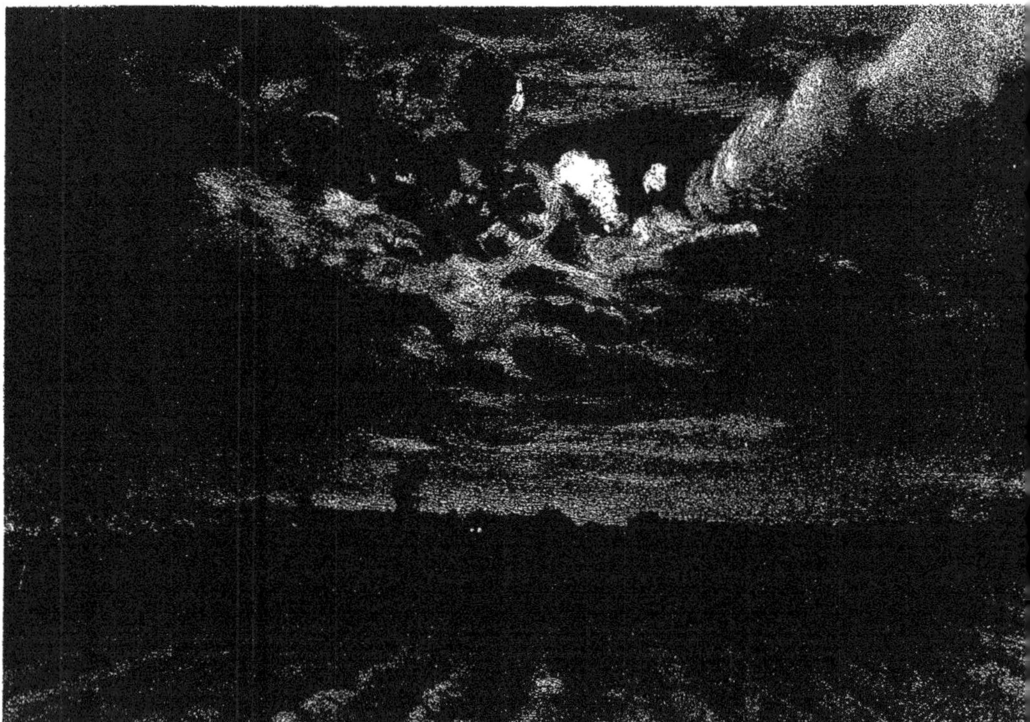

ture fraîche y promènent des traînées où ils agonisent, de la poussière qui saupoudre le tableau et le transforme en papier de verre, du vent qui secoue la toile détendue et en fait un drapeau, etc., etc. Supposons encore que l'habileté du peintre triomphe de tout cela, est-il admissible qu'un ciel bleu, qu'il est presque impossible de bien peindre sur une toile de six, puisse être très bien sur une toile de deux mètres ? Les artistes qui par hasard réussissent des toiles de cette proportion en les peignant d'après nature, ne font encore et malgré tout, qu'une très grande étude, mais ils n'ont pas fait un tableau.

Le temps variable oblige le peintre qui exécute un tableau important, directement devant la nature, à des interruptions dans son travail, qui durent quelquefois des semaines entières; or, quand ce prétendu tableau se peint au printemps, il n'est pas rare de le voir se prolonger de mars à juin et, comme la nature n'a pas la complaisance d'arrêter le cours des saisons, le peintre termine de mémoire (il se fâcherait si l'on disait qu'il peint de *chic* puisqu'il est devant la nature), des arbres dont les fleurs sont remplacées par des feuilles. Il a devant lui des terrains verts crus au lieu de terre fraîchement labourée; bref, son tableau représente un ensemble gris, rose et la nature qu'il regarde est verte depuis le premier plan jusqu'aux dernières limites de l'horizon. Peut-on admettre que malgré cela, le peintre le plus doué puisse obtenir un bon résultat et faire un tableau passable ? Certainement non !

Daubigny qui exécutait aussi habilement que n'importe qui, ne peignait plus, dans les dernières années de sa vie, que des toiles de douze, comme maximum de dimension, quand il travaillait d'après nature, parce qu'il avait reconnu que c'était perdre son temps que de dépasser cette proportion. Il préparait aussi ses toiles et ses panneaux en achetant le bois qu'il choisissait lui-même au faubourg Saint-Antoine chez les marchands et en achetant également la toile en pièces. La mesure qu'il affectionnait pour ses bords de rivière était le panneau de 12 bas, qui mesure $0^m,60$ sur $0^m,35$. Il ne peignait guère que sur des panneaux pendant ses voyages en bateau; il était très habile et couvrait de pochades rapides trois ou quatre panneaux par jour. C'est pour les loger plus facilement dans l'exiguïté de la cabine du bateau, que le maître avait adopté les panneaux qui tiennent moins de place que les toiles.

Daubigny s'était déterminé à ne plus peindre des tableaux de grandes dimensions d'après nature, depuis cette toile célèbre, *le Champ de coquelicots*, qu'il exposa au Salon, vers 1868, croyons-nous; cette toile qui doit mesurer plus de deux mètres, lui avait coûté beaucoup de peine, et quand il la vit dans le jour de l'atelier, il fut obligé de la repeindre entièrement, parce que rien ne se tenait, et que, malgré tous ses efforts, ce n'était toujours qu'une grande étude, moins bonne que les autres.

Nous pensons qu'il est inutile d'ajouter d'autres démonstrations et nous dirons aux jeunes peintres : Ne faites pas de tableaux directement d'après nature, ou bien vous vous exposerez à faire comme nous, qui, malgré les avertissements qu'on nous avait donnés, nous sommes obstiné et avons perdu un temps précieux.

Les sous-bois. — Les intérieurs de forêts, les bois sombres et touffus, les sous-bois comme on les désigne généralement entre peintres, sont extrêment difficiles à dessiner. Les études peintes offrent encore davantage de complications en raison de l'obscurité et du manque de recul. On est presque toujours placé trop près quand on a trouvé un motif intéressant, et quand on veut se reculer, le motif choisi disparaît derrière d'autres arbres ; il faut se résigner à être en mauvaise place et faire l'étude comme l'on peut.

Nous ne saurions donner aucun conseil pour améliorer cette situation que rien ne peut changer, à moins de faire, comme Pelouse, en certains cas où, gêné dans son travail par des arbres qui lui interdisaient tout recul, il les achetait à leur propriétaire et les faisait abattre. C'est un moyen de tourner la difficulté, mais il n'est pas toujours facile à employer pour diverses raisons que l'on devine.

Supposons que l'élève ait eu la bonne fortune de trouver un motif où ces inconvénients soient presque tous évités et qu'il se dispose à faire une étude peinte d'un sous-bois dans le genre de celui que représente le dessin ci-contre, voici les recommandations que nous lui adresserons : Choisissez un effet *bien écrit*, qu'il y ait un endroit de l'étude que le soleil éclaire franchement, peu importe cet endroit, mais arrangez-vous pour obtenir cet effet, car si vous entrepreniez de peindre un sous-bois sans effet, soit au soleil couché, soit par un temps gris, les difficultés déjà si nombreuses seraient de beaucoup augmentées.

Les maîtres, comme Rousseau, Courbet, Diaz, Chintreuil, Calame, etc., ont toujours recherché l'effet, quand ils ont peint des sous-bois. Diaz, qui s'en était presque fait une spécialité et qui, par parenthèse, en a réussi de très beaux, ne manquait jamais de rompre la monotonie des intérieurs de forêt ou des sous-bois par un éclatant coup de soleil.

Ceci ne veut pas dire qu'il ne faut pas faire autrement. L'effet d'un sous-bois peut être gris, et être très beau, mais il faut alors qu'il soit ouvert et laisse voir au travers des trouées du feuillage, des plans de terrain d'une heureuse silhouette sur le ciel, ou d'un effet lumineux qui motive le manque de lumière dans les arbres. Le sous-bois qui nous a servi d'étude, montre en premier plan, un groupe de trois platanes sur les troncs desquels le soleil répand une lumière frisante qui est le plus grand clair de la composition, malgré les échappées du ciel cependant

EFFET DE LUNE HORS DU CADRE

lumineux. La prairie que l'on aperçoit dans les plans éloignés est ensuite la partie la plus lumineuse qui accompagne la forte lumière des troncs d'arbre dont le ciel n'est qu'un dernier écho très utile pour l'harmonie générale.

Il ne faut jamais qu'une lumière frappe à un endroit unique sans qu'il y ait un, ou deux échos amoindris de cette lumière pour l'accompagner. De même, quand dans un tableau, on a placé une note noire très violente, elle ne peut rester isolée sans être brutale et trop seule. Il en est de même d'ailleurs pour toutes les notes fortes ou de colorations étrangères à l'ensemble qui demandent un *rappel* ou un écho amoindri de leur coloration.

Le dessin bien établi qui est toujours indispensable à toutes les études, se recommande particulièrement quand on peint un sous-bois, où les arbres ont le principal rôle et doivent être irréprochables de forme. Le meilleur moyen est de faire un dessin peint comme il sera dit plus loin à propos de l'automne, et de l'exécuter ensuite par morceau quand l'effet se présente.

Il y a encore un autre moyen qui ne manque pas d'intérêt, lorsqu'on sait s'en servir; on obtient par lui beaucoup d'air, mais il faut de la volonté pour ne pas se laisser entraîner à faire du *chic*, ce qui tente si souvent les jeunes peintres. Ce moyen, le voici : lorsque l'on a dessiné les lignes principales des fonds et des arbres de premier plan, en se servant pour cela d'une toile apprêtée d'un ton foncé et en arrêtant le dessin d'un trait à l'encre de Chine, on ébauche le ciel et les fonds, ainsi que les feuillages gris vert des arbres de second plan; pendant que l'ébauche est fraîche, on se sert d'un chiffon que l'on froisse, pour qu'il fasse le plus de plis possible puis l'on tamponne avec, ce qui vient d'être peint, de façon à ce que tout soit vague et mélangé, que le ciel soit dans les arbres et sur les terrains du fond. C'est le cas où l'on applique le mieux la théorie *du tout, dans tout*, qui donne tant d'air aux tableaux. Puis, l'on reprend cette ébauche en affirmant le dessin des branches principales et des troncs de second plan, après avoir bien replacé la silhouette principale des coteaux du fond. L'étude se continue ensuite par les troncs, les branches et les feuillages de premier plan; elle se termine par les terrains. Le ciel qui a été brouillé, sali, par le tampon, redevient vibrant en lui ajoutant quelques tons frais et lumineux sans le repeindre partout, ce dont il faut surtout bien se garder pour qu'il semble s'éloigner des arbres.

On sait que les arbres de premier plan peuvent et doivent être peints plus solidement que le reste de l'étude ? ce qu'il faut savoir aussi, c'est que, selon que l'écorce est rugueuse ou lisse, elle doit être peinte dans un sens ou dans l'autre. Pour l'écorce rugueuse la forme du coup de brosse est tout indiquée, puisqu'il s'agit de dessiner ces rugosités.

Quant aux arbres à écorce lisse, ils doivent être exécutés par touches différentes selon la hauteur. Depuis le pied de l'arbre jusqu'à la hauteur de l'horizon (c'est-à-dire jusqu'à la hauteur de l'œil du peintre, quel que soit l'endroit où il se trouve placé) les touches, ainsi que le montre le croquis *ad hoc*, doivent être posées en forme de U, puis s'ar-

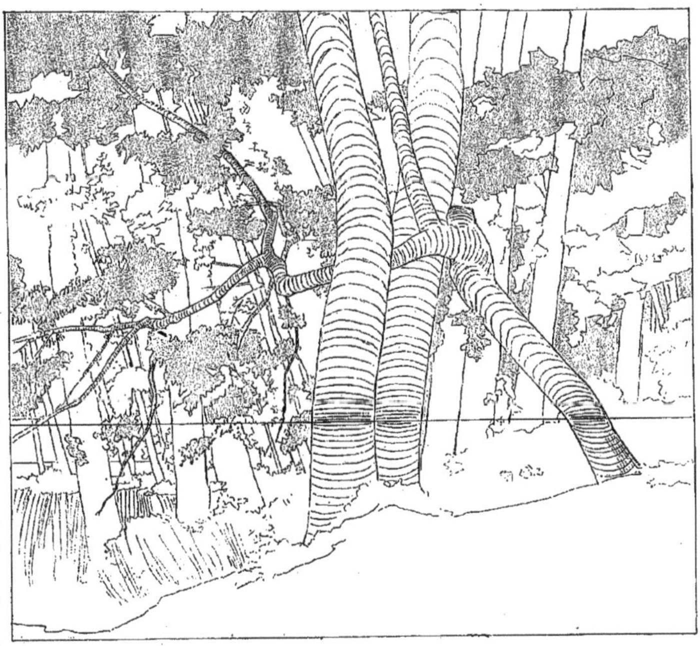

Dessin montrant la forme à donner aux touches.

rondir en montant, pour devenir plates et horizontales à la hauteur de l'œil qui est l'horizon. Au-dessus de cette ligne les touches doivent monter en s'arrondissant dans le sens contraire, pour devenir, plus haut, en forme d'accent circonflexe et en forme de U renversé ∩, ainsi que l'on pourrait l'observer, s'il était donné de contempler une gigantesque pile d'assiettes. Les petites branches ont besoin d'être dessinées avec le pinceau à filets, mais il est souvent nécessaire de les retoucher avec la brosse pour qu'elles soient mieux dans l'air. En principe d'ailleurs, il faut s'efforcer de peindre les petites branches avec une brosse relativement grosse, cela fait beaucoup mieux qu'avec le pinceau qui précise toujours trop le contour. Les silhouettes des arbres et principalement les branches, doivent être peintes pendant que le ciel est frais, en les exécutant autrement, (ce qui se nomme exécuter à sec), on n'obtient qu'une facture sèche et dure, ce qui fait dire aux peintres, *ce sont des branches en fil de fer !*

Comme dernière recommandation, nous ajouterons qu'il faut se tenir en garde contre l'abus du vert et qu'il est bon, lorsque l'on ébauche, de peindre toujours gris, ce qui n'est pas sur les premiers plans. Faute de ce soin, on s'expose à recourir aux tons entiers des verts pour peindre les premiers plans, ce qui donne toujours un manque de finesse et de distinction aux études.

Du rôle des figures et des animaux dans les tableaux de paysage. — Les figures et les animaux ont affaibli un nombre considérable de bons paysages et c'est la faute des amateurs bourgeois et ignorants, si tant d'autres encore seront dans le même cas. Quand l'acheteur d'un tableau n'est pas un amateur éclairé, il veut que le paysage soit *meublé;* comme il ne sait pas pourquoi un tableau est bon ou mauvais, il lui faut de ces abominables figures ou de ces animaux dont il puisse percevoir même les yeux et les longs poils des oreilles ; ce sont ces détails nuisibles au tableau qui faussent le goût et dévoient les artistes.

Nous avons été à même d'entendre, quelquefois, des amateurs de peinture, s'étonner de l'insuffisance des figures et des animaux dans les tableaux de Corot et de Daubigny notamment. Beaucoup de personnes, même de goût très sûr en art, ont cru que ces maîtres ne savaient pas assez dessiner et grande a été leur surprise lorsqu'ils ont vu des études très faites aux expositions posthumes de ces artistes. Il faut une science que l'on ignore complètement dans le public amateur, pour placer une figure dans un paysage sans qu'elle nuise à l'ensemble. L'artiste qui pour des raisons diverses se décide à placer une ou plusieurs figures dans un paysage, doit penser avant tout à ne pas nuire à son tableau. C'est là la plus grande difficulté, car il s'agit d'interpréter la nature, de la condenser, de la résumer en un tout dont cette figure doit faire partie. Il faut trouver le trait caractéristique qui donne le mouvement et l'action, mais il faut aussi éliminer les détails qui donneraient trop d'importance et concentreraient trop l'attention sur un point qu'on ne doit pas voir, quand on regarde l'ensemble.

Or, rien n'est aussi difficile que de synthétiser la forme et de résumer les valeurs quand on perçoit tous les détails. L'artiste se trouve en présence d'un dilemme dont il ne peut sortir ; il faut qu'il sacrifie les figures ou qu'il sacrifie le paysage ? C'est à lui de décider ce qu'il a voulu faire ; est-ce un paysage avec figures ou bien, sont-ce des figures avec un paysage? Dans le premier cas, les figures se résument à des proportions justes, eu égard aux plans où elles sont placées, à une valeur exacte, et comme nous l'avons dit plus haut, au trait caractéristique qui donne le mouvement et la vie. Dans le second cas, qui est très différent, le paysage ne devenant qu'un accessoire, il doit être très sommaire pour que toute l'attention se porte sur les figures. C'est ce que nous expliquerons en parlant des figures en plein air, dans une partie suivante de cet ouvrage. Nous avons entendu Daubigny parlant des vaches qu'il avait peintes ou qu'il devait peindre dans ses tableaux en cours d'exécution, dire : « Je mettrai là une petite table ». C'est ainsi qu'en riant, il baptisait les animaux de ses tableaux, ce qui montre combien de parti pris, il ne voulait pas s'y appesantir. Il prétendait d'ailleurs que si elles étaient à peu près bien dessinées, elles seraient nuisibles au tableau. Le paysagiste ne doit donc considérer les figures et les animaux que comme des accessoires mis à un plan voulu pour en déterminer la hauteur ou l'éloignement. C'est ainsi que le grand peintre Corot l'a compris et personne n'a su mieux que lui, mettre une figure à son plan, ni placer une vache dans une prairie où elle ait réellement l'air de se mouvoir.

Est-il besoin d'ajouter encore que, malgré leur perfection et surtout à cause de leur perfection, les détails enlèvent l'air et le mouvement, figent et ôtent la vie ? Un seul exemple est suffisant pour se convaincre. Quand on dessine une roue de voiture au repos, on en indique exactement tous les rayons ; veut-on représenter la voiture en marche ? on supprime tous ces rayons. C'est absolument le même principe pour donner de la vie et du mouvement aux figures et aux animaux. Un mot encore : il ne faut pas se servir de photographie, même de celles qui sont instantanées ; attendu que nos yeux ne peuvent voir et notre cerveau retenir des mouvements aussi rapides, et que la photographie est fausse par rapport à ce que nous voyons. La photographie qui représente des figures et des animaux immobiles peut être consultée, mais il ne faut toujours pas la copier servilement parce qu'elle déforme et aussi parce que ses infinis détails ne peuvent que nuire en faisant perdre le caractère des lignes principales, enfin parce qu'un œil exercé reconnait immédiatement ce qui est peint d'après une photographie.

Le printemps et les arbres en fleurs. — Pour peindre les arbres en fleurs, il n'y a pas de moyens qui soient particuliers, ce sont toujours les mêmes procédés que l'on emploie. Nos recommandations seront peu nombreuses. Elles se borneront à dire que les arbres fruitiers ont un caractère particulier qu'il faut observer attentivement pour que l'ensemble soit juste ; un pommier, un poirier, un amandier ne se ressemblent pas, non seulement la couleur des fleurs est différente, mais la silhouette est aussi tout autre. Un des signes caractéristiques de l'arbre fruitier consiste dans la forme en C qu'affectionnent les branches.

C'est ce qui les fait distinguer au premier aspect, même quand ils n'ont ni fleurs, ni feuilles, ni fruits.

Les branches d'arbres en fleurs sont fort décoratives par la forme et la couleur. Le pêcher rose est adorable de ton avec ses branches graciles, le cerisier avec ses fleurs qui ont l'air de petites roses blanches font des détails et des ensembles charmants, mais les pommiers, avec leurs fleurs blanches et roses, sont encore les arbres que les paysagistes aiment le plus. Daubigny, qui a été un des premiers à peindre le printemps, a su y trouver les éléments de nombreux succès.

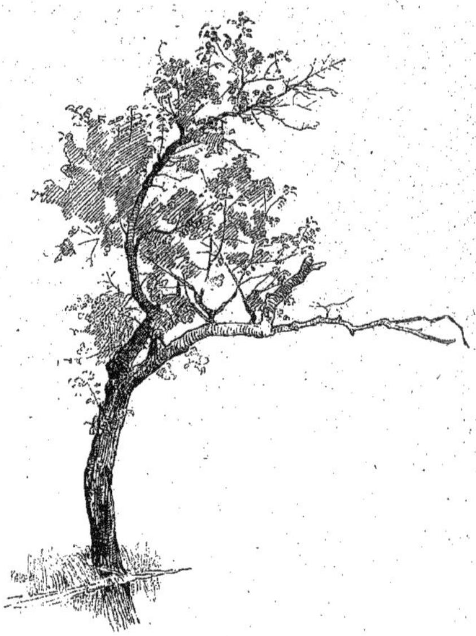

Branches en forme de C.

Le ton blanc si fin, si délicat des arbres en fleurs, n'est pas aussi facile à trouver que les débutants se l'imaginent. Il faut bien étudier pour ne pas tomber dans une exécution commune et surtout pour ne pas se laisser entraîner à mettre du blanc pur, ce qui est si désagréable à regarder pour un œil un peu sensible.

Le dessin que nous montrons ici, est un paysage Dauphinois, qui représente la plaine au pied des montagnes par un effet de soleil et de ciel nuageux. Les pommiers en fleurs du premier plan sont éclairés très vivement et donnent la note la plus claire; l'on voit au loin d'autres arbres en fleurs et des cerisiers qui ont déjà leurs nouvelles feuilles. La montagne du fond, encore couverte de neige à sa cime, se dérobe dans les nuées qui l'entourent et où elle disparaît tour à tour.

Pour travailler en face d'un tel paysage, il faut, non seulement l'habitude de peindre, mais encore être familiarisé avec cette nature grandiose qui se prête si peu à la peinture de petite dimension et ne donne que rarement des motifs intéressants pour le peintre, surtout en cette saison généralement pluvieuse.

Nous ne pourrions que répéter ce qui a été dit ailleurs, au sujet de l'exécution de chaque partie; c'est pourquoi, nous nous bornerons à attirer l'attention des élèves uniquement sur les arbres dont les fleurs sont le principal objet de l'étude. Nous leur signalerons aussi la difficulté de la valeur des terrains, dont la perspective aérienne est rendue plus compliquée, par les tons de l'herbe nouvelle qui est d'un vert intense, même à des plans relativement éloignés.

Nous avons déjà dit que la théorie du professeur Renard-Brault, qui se trouve aussi être celle du grand peintre d'animaux Jean-Baptiste Oudry, devrait être méditée. Ces deux mêmes théories que l'on a lues à propos de l'étude du linge en plein air, dans la seconde partie de cet

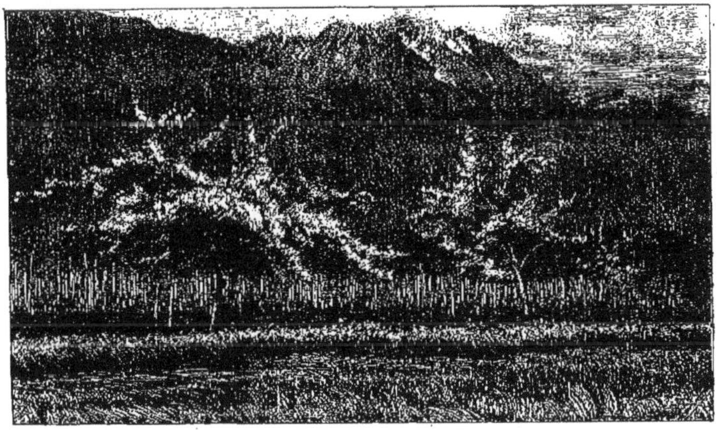

Pommiers en fleurs, paysage du Dauphiné.

ouvrage les *Natures mortes*, montrent que la lumière est égale sur un même plan, quelles que soient les diverses colorations de ce plan. Nous ne ferons que signaler ces théories en y renvoyant le lecteur et en redisant seulement ici qu'elles sont très précieuses à connaître pour les paysagistes. Faute de connaître et d'observer les lois de ces théories on ne parviendrait jamais à répandre la lumière sur les terrains.

Quand on étudie et que l'on compare les recherches des maîtres, on s'aperçoit qu'ils ont eu les mêmes préoccupations. Ce qui le prouve absolument, c'est que par des moyens différents dans l'expression, ils arrivent aux mêmes résultats. Leur enseignement diffère par la forme dans laquelle ils le présentent, mais le but est identique ; en voici un exemple : Jules Dupré a dit : « *Les tons du ciel doivent se retrouver sur les premiers plans d'un tableau de paysage, pour que l'air et la lumière, en s'y étalant également, donnent la sensation du plan horizontal et la perspective des plans.* »

Ne semble-t-il pas, en effet, que le maître ait voulu dire, comme le peintre Oudry et comme le professeur Renard-Brault, que c'est l'unité de valeur des terrains qui donne l'air et la lumière?

Quoi qu'on puisse en déduire, il résulte un fait constaté par ces trois peintres, c'est que les tons différents sont d'une même valeur étant sur un même plan, et que, faute d'observer cette théorie, on détruit toute la lumière d'un plan. L'exemple d'un drap noir et d'un drap blanc, placés à côté l'un de l'autre, sur un même plan de terrain, devenant de la même valeur parce qu'ils sont vus sous la même lumière, est, comme l'a montré Renard-Brault, très concluant. (Voir aux *Natures mortes*, p. 68 et 69.)

En terminant ce chapitre, nous ajouterons que pour peindre les arbres en fleurs, il est nécessaire d'observer leur valeur sur le ciel, de bien se rendre compte des plans ainsi que des masses d'ombre et de lumière de ces fleurs; que le modelé doit se faire par masses et non par petits détails, enfin que l'on doit réserver pour un seul endroit de premier plan, l'exécution détaillée des fleurs, sous peine d'enlever l'air et l'enveloppe indispensables à tout bon tableau.

L'été et les blés. — Les céréales font une heureuse diversion aux tons vert-noirs de l'été. Elles offrent aux paysagistes des ressources infinies et variées pour attendre que les arbres soient enfin de colorations plus diverses. Dans les pays de plaine notamment, la campagne cultivée peut fournir des occasions sans nombre et des prétextes à études illimitées. Les avoines, la luzerne, le sarrasin, le seigle ou le froment sont tous très intéressants à peindre. Ce dernier surtout offre, par les manipulations diverses auxquelles sa récolte est soumise, des sujets de tableaux inépuisables, tels que les moissonneurs à la faux ou à la faucille, la confection des gerbes, des moyettes, des meules de blé, les glaneurs, dont Millet a fait un chef-d'œuvre et qui se présentent sous tant de nombreux aspects selon les pays où l'on voit glaner. Il faut y joindre encore les mille sujets d'effets divers depuis la fauche et la batteuse à bras et à vapeur, jusqu'à ceux plus pittoresques encore des batteries au fléau, organisées en plein air ou dans les granges, dont les effets de lumière sont si saisissants. Toutes les phases de la moisson, en un mot, fourmillent en motifs d'études et de tableaux.

Le paysage normand que représente notre dessin va nous servir à classer nos conseils pour le cas où l'on voudrait en peindre un semblable, ce qui d'ailleurs se présente fréquemment dans tous les pays de culture.

Le ciel orageux où se montrent de lourdes masses de nuages étant la partie la plus lumineuse de ce paysage, on s'efforcera de lui donner le plus d'éclat possible, en évitant les sécheresses au bord des nuages auréolés de lumière. Si, dans la précipitation de l'exécution souvent très rapide, comme dans le désir de noter un éclat excessivement lumineux, on s'est vu dans l'obligation de peindre la lumière des nuages avec des empâtements très apparents, il ne faudra pas s'en préoccuper. Malgré le manque de perspective aérienne qui en résulterait momentanément, l'étude pourra attendre jusqu'au jour où étant très sèche, ces épaisseurs pourront être enlevées avec le grattoir ou le rasoir.

Dans une étude, c'est-à-dire un document, le défaut qui vient d'être signalé n'a pas d'importance immédiate, mais on sait qu'il ne faudrait pas, si on la recopiait pour en faire un tableau, laisser un ciel peint plus fortement que les terrains qui sont dessous, sous peine de rendre tout le paysage creux et inconsistant.

Les coteaux et les silhouettes des fonds seront exécutés dans la séance où l'on aura peint le *ciel*, pour que les contours s'y fondent et donnent de l'air à ces plans. On observera qu'ils sont extrêmement gris et que les coups de soleil qui se trouvent sur les seconds plans sont très colorés, mais moins clairs que les lumières des nuages. Les pommiers d'un vert noir sont de plus en plus foncés à mesure qu'ils se rapprochent du premier plan, et, parmi le groupe placé à droite, le premier arbre seul montre quelques détails dans les branches et dans les feuilles. Le chemin défoncé par les roues des attelages est, quant aux parties de verdure, d'une valeur presque égale d'un bout à l'autre ; seul le ton de ces verts change et devient neutre ou gris en s'éloignant ; c'est ce qui aide beaucoup à la perspective que les lignes doivent déjà fournir si le dessin en a été parfaitement observé. Les champs de blé placés à droite seront peints très simplement, en raison du second plan qu'ils occupent ; leur valeur sera surtout observée attentivement pour que l'effet soit bien juste. Pour exécuter ces blés on se servira d'une brosse plate, un peu longue, en plaçant d'abord le ton le plus foncé qui est au pied et que l'on appliquera en procédant de bas en haut, dans le sens couché des blés. L'ensemble des épis, d'un ton un peu terre de Sienne naturelle, qui dessine la silhouette des champs de blé sera placée ensuite par petites touches courtes et couchées dans le sens des blés. Enfin, le ton géométral sera placé ensuite entre ceux qui viennent de le précéder ; il sera mis de haut en bas et dans le sens des blés, puis, pour les blés les plus rapprochés, on ajoutera le ton le plus clair et le plus gris qui modèlera l'ensemble.

A cette distance, il ne faudra mettre aucun détail, même si on les percevait distinctement. Il faudra réserver tous ses moyens pour le champ qui est placé au premier plan et qui doit, par son exécution judicieuse, faire opposition et donner de la fuite aux autres plans.

Dans la facture des blés de premier plan on observera, en plus de ce qui a été dit ci-dessus, que pour donner l'idée des blés couchés, il est indispensable de peindre toujours les derniers plans d'abord, quel que soit le sens où ils se présentent et de les recouvrir successivement par ceux qui sont placés devant pour finir enfin par les tout premiers. Pour ceux-ci, on pourra, en terminant, se servir d'une brosse longue aux soies inégales, coupées avec des ciseaux, comme il a été dit pages 40 et 41. Ces brosses peuvent rendre de grands services, si l'on a soin de ne conserver, dans les détails qu'elles donnent, que ceux qui sont exactement dans la forme que l'on copie. Il faut ne se servir de cet outil qu'avec une excessive réserve ; autrement, on donnerait vite à l'étude cet aspect commercial et commun qu'il faut éviter avant tout, en se souvenant que l'habileté est un plus grand défaut que la maladresse.

Avec le pinceau à filets, on ajoutera ensuite les épis dont quelques-uns, les plus rapprochés, seront d'une forme précise et d'une grosseur qui diminuera en s'éloignant pour aider à la perspective. Enfin, les notes accidentelles, occasionnées par les fleurs qui émaillent les champs, seront placées pour terminer l'étude.

Quoique ces détails paraissent négligeables, ils ont cependant une importance relative, puisque si on les plaçait n'importe comment, ils attireraient l'attention et empêcheraient la fuite du terrain. Les premières fleurs doivent être plus grosses et plus colorées, elles doivent être peintes dans des sens différents qui indiquent des fleurs, vues de face, de profil et de dos ; enfin, dans un ensemble formé par un groupe, il ne doit, pour ainsi dire, pas en exister deux de semblables, c'est ce qui donne de la distinction à l'exécution.

Quelques réflexions sur l'école impressionniste. — Novembre n'est pas toujours synonyme de tristesse. Il y a même des journées très gaies, des ciels d'un bleu spécial et d'une intensité toute particulière. Au moment de la Saint-Martin qui se trouve le 11 novembre, il se produit souvent une série de beaux jours dont la chaleur et l'enveloppe brumeuse ont un charme et une douceur qui ont fait surnommer ce moment l'Été de la Saint-Martin. L'école de 1830, si éprise de la couleur, préférait ce moment de l'année où la nature semble illuminée par les arbres en feu, et les paysagistes, Théodore Rousseau en tête, semblent n'avoir peint que la saison où les marronniers sont en flammes et les cerisiers en braises rouges.

Quand les peupliers répandent dans l'air leurs sequins d'or, pendant que coule sur les murailles le sang vermeil des vignes vierges ; quand les coteaux violets où se meurt l'herbe rousse dans la vapeur bleue des fonds, se couvrent d'un réseau de gaze, c'est la fête des yeux ! c'est le feu d'artifice de la nature, qui veut pour sa mort des funérailles joyeuses. C'est ce que nos devanciers avaient si bien compris et si bien peint ; Rousseau, Diaz, Marilhat, Troyon, Courbet, Jules Dupré, Decamps, et tant d'autres, épris de la couleur, ont trouvé dans la saison d'automne, des effets saisissants. Cette vaillante école a tellement mis l'automne à la mode que, pendant de longues années, on n'a plus peint d'autres saisons ; il fallait au public des arbres jaunes et rouges, malheur au paysagiste qui avait l'audace de peindre des arbres verts, car le dédain populaire se traduisait immédiatement par la phrase consacrée : « C'est un plat d'épinards ! »

On s'est enfin lassé des paysages d'automne quand Daubigny, Paul Huet, Corot, Chintreuil, etc... ont montré des chefs-d'œuvre avec des arbres verts au printemps, des pommiers en fleurs, des matinées claires et grises ou un simple buisson vert en plein soleil. Cette nouvelle école, en démodant sa devancière, l'a enterrée d'un mot en la qualifiant de : peinture *cuite*. Il faut dire que le mot était assez juste, car les peintres sans talent avaient tellement exagéré les automnes *peints de chic* et selon les formules, que bon nombre semblaient cuits au four comme le gratin.

L'école qui succéda à celle de 1830 avait donc relégué les automnes rouges et les couchers de soleil jaunes, mais elle avait apporté la formule noire et conservé le bitume sur sa palette. Les tableaux n'étaient plus cuits, ils étaient ternes et monochromes, quand ils n'étaient pas noir opaque. L'école actuelle survint alors, ayant pour chefs *Manet*, *Claude Monet*, *Pissaro*, *Sisley*, *Lebourg* et d'autres qui entreprirent de rafraîchir la vision des peintres en montrant des tableaux où la fraîcheur des colorations étaient avec la lumière éclatante, le seul objectif de ces artistes.

La recherche des colorations ramena les peintres aux études d'automne, cette saison si fertile en effets, si riche et si variée de tons. C'est alors que l'on vit les fraîches colorations des peintres que nous venons de citer et que tous les artistes, même les plus prévenus ne purent nier.

Malgré tout ce que l'on constatait de la fraîcheur de coloris et de la puissance des tons chez les impressionnistes, les peintres modernes ne pouvaient se résoudre à abandonner leurs formules, leurs petits procédés d'exécution.

On aimait la peinture bien faite, et l'on n'admettait pas des premiers plans qui ne fussent très exécutés, même au détriment de la valeur générale ; on voulait y voir toutes les herbes.

Beaucoup de peintres s'attardent encore à l'exécution, mais ils ont rafraîchi leur palette, et, sans le savoir même, ils ont simplifié leurs procédés. Si l'exagération de certains impressionnistes entraîne forcément ces peintres à ne pas exécuter, il ne s'en suit pas que, pour faire bien, on ne doive plus s'occuper que de coloration et de lumière, en peignant le ciel comme une muraille et l'eau comme la terre labourée. Bastien Lepage est un des premiers artistes qui aient compris ce qu'il y avait à prendre de bon et d'utile dans l'école impressionniste et l'on sait tout le parti qu'il sut en tirer. Ses beaux tableaux : « *Les Foins, les Ramasseuses de pommes de terre, Jeanne d'Arc écoutant les voix*, etc. » prouvent que l'exécution ainsi comprise ne nuit pas aux colorations. C'est un exemple à suivre.

Il faut donc exécuter, puisque sans l'exécution, le tableau n'est pas complet ; mais il faut mener de front, la recherche de la lumière, la fraîcheur des colorations et l'exécution résumée, mais nécessaire à la compréhension des choses. Tout cela est très compliqué car l'exécution entraîne à salir le ton, l'art du paysage est donc rendu plus difficile à notre époque qu'il ne l'a jamais été, en raison des recherches nouvelles qui s'ajoutent aux anciennes et dont la fraîcheur de coloris n'est pas la moindre. Les paysagistes d'autrefois, ne s'occupaient que de la ligne et de l'effet, ceux qui leur succédèrent apportèrent la recherche des valeurs et l'école actuelle a compliqué le tout en y ajoutant la lumière. Jamais la peinture n'a été aussi scientifique ; les jeunes artistes auront donc beaucoup plus à apprendre qu'autrefois, mais l'émulation est si grande et les moyens de s'instruire sont si répandus, les occasions de se produire si multipliées qu'il ne peut plus y avoir, comme jadis, des artistes incompris.

Effet d'automne. — La planche en couleur ci-contre, montre un effet d'automne par une après-midi de soleil et de légère brume.

Les arbres jaunes sont à eux seuls le motif de cette étude ; c'est donc sur la fraîcheur et la puissance de leur coloration qu'il faudra porter toute son attention, lorsqu'on voudra faire des études semblables.

Voici comment il faudra procéder, soit que l'on veuille copier cette planche, soit que l'on ait trouvé soi-même, devant la nature, une étude à peu près semblable à faire.

Le petit panneau ou la petite toile de 4, 5 ou 6 seront choisis d'un apprêt clair ou blanc pur. On dessinera à la craie pour bien construire les lignes principales et lorsqu'on se sera rendu compte des proportions, que la mise en place semblera suffisante, on dessinera avec le crayon mine de plomb et l'on repassera ensuite les traits à l'encre de Chine, comme il a été dit plusieurs fois déjà. Ce dessin n'étant pas compliqué ne demandera que peu de temps et comme le soleil éclaire presque de face, l'effet posera bien deux heures sans trop changer. On aura donc tout le temps nécessaire pour ébaucher et couvrir le panneau. La première remarque à faire, c'est la valeur du jaune sur le ciel et sur la montagne du fond ; en l'observant, on se rendra compte que ces colorations jaunes sont plus claires que la montagne dans leurs lumières, et plus foncées que le ciel dans leurs ombres. Ceci étant constaté on fera sur la palette les deux tons jaunes (ombre et lumière) et l'on posera ces deux valeurs bien à leur place, en étalant les tons à plat, sans détails. Ensuite on peindra les tons violets et bleus de la montagne, qui, étant des tons complémentaires du jaune et plus foncés que ce jaune lui donneront sa coloration et sa lumière. Le ciel bleu et rose, sera ébauché par taches posées à côté l'une de l'autre, puis on placera les tons gris chauds des lumières de la montagne. Ces derniers plans étant couverts, on peindra les arbres, les buissons et les vignes du second plan, en commençant toujours par les tons les plus foncés pour finir par les plus clairs. Le terrain rocheux recouvert par place de verdure et de ronces, qui, avec la route forment les premiers plans de cette étude seront ébauchés ensuite en plaçant les ombres des parties gazonnées et en terminant par le ton clair de la route. Il ne restera plus alors qu'à mettre la valeur des deux troncs d'arbres qui sont d'un noir plus vigoureux que le reste et très violets à cause du voisinage du jaune orangé ; les parties où frappe la lumière seront peintes ensuite et termineront ainsi l'ébauche de cette étude.

Sans être très habile, l'ébauche d'un motif aussi simple peut se faire en deux heures et même moins.

Tout l'intérêt d'une telle étude se trouve dans la recherche des colorations et dans l'enveloppe brumeuse qui noie les contours. Il faudra donc s'appliquer, en la continuant, à bien trouver la justesse et la vigueur des tons, tout en ne mettant pas des détails inutiles qui empêcheraient l'air et l'enveloppe. C'est une étude de couleur et d'atmosphère qu'il faut faire, ce n'est pas une étude d'exécution pour apprendre à peindre les feuillages. En un mot, c'est l'étude d'un ensemble ; en peignant chaque morceau, il faut toujours penser à son rapport avec tout le paysage.

Les impressionnistes ont à leur service une réelle science de la coloration ; c'est pourquoi nous aurions été heureux d'avoir à donner ici les appréciations d'un artiste de grande valeur, nous voulons parler de Claude Monet. Nous lui avons demandé, comme à tous les maîtres cités dans cet ouvrage, de nous formuler sa théorie sur l'art et sur l'impressionnisme en particulier dont il est le maître incontesté. Malheureusement ce grand artiste n'a pas voulu, par modestie, se mettre en avant et répondre à nos questions. Le dernier paragraphe de sa lettre en dit assez pour faire connaître sa pensée. La voici : « On naît peintre et si l'on est né pour cela, on trouve toujours le moyen d'exprimer ce que l'on éprouve en l'exprimant d'abord mal, mais en trouvant soi-même le moyen. Claude Monet. »

On voit que le maître partage absolument notre avis ; pour être peintre, il faut, avant tout, être doué spécialement pour cet art.

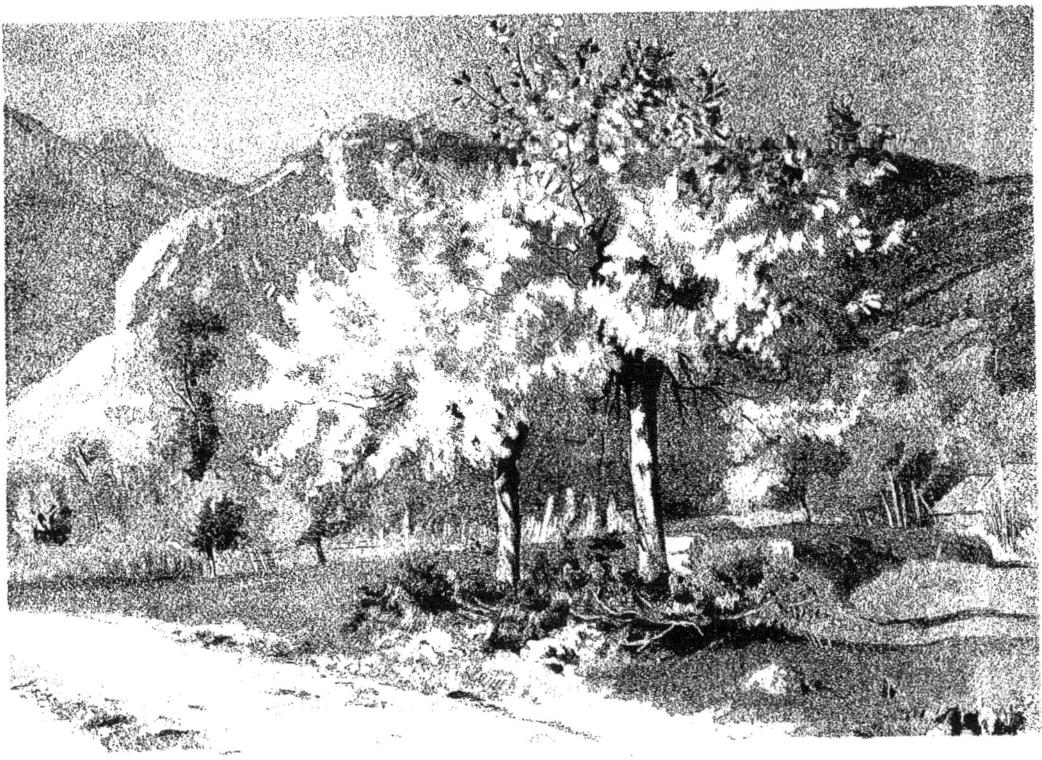

Soirs d'automne. — L'effet du soir, en automne, même par les plus beaux jours, est d'une mélancolie qui charme les artistes plus que dans toutes autres saisons, en raison de la brume, qui semble sortir de terre, principalement dans les endroits humides ou marécageux, et qui enveloppe la nature au point de la cacher entièrement par place, ce qui est souvent d'un effet superbe. Il nous souvient d'une soirée de novembre, à Martigny, dans les environs de Dieppe, un superbe pays, où nous avons été le témoin d'un lever de lune au crépuscule d'un effet et d'une majesté inoubliables. Il était environ cinq heures, le crépuscule éclairait encore les prairies inondées par les pluies des jours précédents et les vapeurs montaient de la terre, en estompant les fonds. Les gracieuses silhouettes des peupliers et des saules semblaient suspendues dans l'air, à mesure que les vapeurs épaisissaient et cachaient leurs troncs. Peu à peu, cette vapeur couvrit les prairies ; les animaux que l'on faisait rentrer à la ferme semblaient nager dans une eau tranquille et laiteuse, d'où leur tête et leur poitrail seuls émergeaient sur les premiers plans. Tout à coup apparut le grand disque de la pleine lune montant fièrement dans le ciel violet mauve. Tout était calme et doux ; ce n'était plus le jour et pas encore la nuit ; les animaux et leur conducteur formaient devant la lune une note vigoureuse et vague autour de la masse imposante d'une voiture chargée de paille. L'effet était merveilleux ; l'appel des bergers, la voix des chiens, la clochette et le mugissement des bœufs, tout concourait à l'harmonie intense et à la mélancolie sans tristesse d'un des plus beaux effets qu'il soit possible de voir.

Coucher de soleil ; explication du dessin peint. — Le coucher du soleil en automne est toujours d'un effet inattendu. Il y en a de gris, rayés seulement d'une bande de lumière jaune ou verte qui sont d'une distinction inimitable. Il y en a de lumineux et d'incandescents, mais ce qui est toujours beau, c'est le soleil se couchant derrière de grands arbres dénudés quand on voit de belles formes de nuages se découper au travers des silhouettes et du fouillis inextricable des branches. Les effets, à cette heure, se succèdent avec rapidité, depuis le moment où le soleil déjà très bas, près de l'horizon, illumine encore toute la nature, jusqu'à l'instant où le disque rouge disparaît dans la brume. Il y a, à cette heure, une infinie variété d'études et d'observations à faire pour un paysagiste, malgré le peu de durée de ces effets, aussi ne doit-il jamais laisser passer cette occasion propice sans aller voir et noter ses impressions, par la plume ou par le pinceau, en écrivant ce qu'il voit, ou en peignant une toute petite pochade, qui lui servira un jour ou l'autre. Pour peindre une étude comme celle dont nous allons nous occuper, il faut faire un dessin très étudié dans lequel on ne s'occupe que de la forme et des valeurs. Ce dessin peut se faire de différentes façons, au fusain ou à l'encre de Chine, mais il y a aussi un autre procédé qui est très agréable, parce que l'on peut effacer facilement ce qui semble mauvais, que l'on peut aussi pousser très loin l'exécution et faire de ce dessin une œuvre d'art, tant le procédé permet de modeler facilement, ainsi que nous allons l'expliquer.

La toile ou le panneau choisis, apprêtés clairs et bien lisses sont indispensables. Les toiles ordinaires que l'on trouve dans le commerce, les moins chères, celles qui ont un apprêt jaune, sont parfaites pour ce genre de dessin. Voici comment on procède : après avoir dessiné les proportions des arbres et mis en place les branches principales avec de la craie pour ne pas salir la préparation de la toile et redessiné un peu plus minutieusement avec un crayon mine de plomb (dur), on fait un ton composé de blanc, de noir, d'ocre rouge et de laque ordinaire. Ce ton est tenu plus ou moins rouge ou violet, selon ce que l'on observe dans l'ensemble de la nature qui, en automne, est souvent d'un ton violet et roux. La palette peut d'ailleurs contenir deux ou trois tons de plus, si on le désire, mais pour ne pas être tenté de peindre, pour ne faire qu'un dessin, il est préférable de n'avoir qu'un seul ton très foncé, comme celui qui vient d'être conseillé. Le godet aura pour liquide de l'essence de térébenthine, de l'huile et quelques gouttes de siccatif seulement ; l'essence et l'huile seront dosées à parties égales. Pour dessiner on se servira de brosses et de pinceaux à filets en observant les indications suivantes : le fond ou l'apprêt de la toile est considéré comme étant la valeur du ciel, il devra donc être réservé. C'est par la ligne d'horizon que l'on devra commencer, en employant la couleur en glacis très liquide ou en *frottis*. Le glacis est une aquarelle où l'huile remplace l'eau ; le frottis se fait en n'employant presque pas de couleur ni de liquide et en frottant, pour étaler la couleur, de façon à ce qu'elle laisse voir en transparence le fond de la toile. Ce procédé a l'avantage que, lorsqu'on a mis une valeur trop foncée, on peut la diminuer autant que l'on veut, et même l'effacer entièrement, en se servant d'un chiffon très doux, avec lequel on enlève plus ou moins la couleur fraîche. Ce dessin se continue en plaçant les valeurs des terrains de second plan et en exécutant les silhouettes des arbres du fond. Pour modeler rapidement les arbres qui ont des feuilles, on peint (très liquide), toute la silhouette d'un seul ton, puis à l'aide d'une brosse dure, on frotte sur les parties que l'on veut obtenir d'un ton plus clair ; le fond apparaissant alors, donne la valeur désirée et la couleur qui se trouve repoussée, se ramassant par place en plus ou moins grande quantité donne des valeurs aussi foncées qu'il est utile de les obtenir ; on peut d'ailleurs y ajouter un noir plus fort, s'il en est besoin, en plaçant une touche plus épaisse. Si par le manque d'habitude, on n'est pas parvenu à réserver les trouées du ciel dans les arbres du fond, il sera facile de les ajouter ensuite, en grattant avec la hampe d'un pinceau taillée en forme de rame, c'est-à-dire plate et carrée au bout. Quand la trouée est ainsi préparée, on y ajoute des tons plus clairs *au centre*, en grattant avec la pointe d'un canif qui, entamant l'apprêt de la toile donne une valeur très claire, sans être sèche.

Les arbres que représente notre dessin sont des châtaigniers ; pour les exécuter, voici ce qu'il faudra faire : en se servant d'une brosse un peu courte, on fera d'abord un frottis très doux qui donnera la valeur de l'ensemble des branches infiniment petites, silhouettant la forme des châtaigniers sur le ciel. Ce frottis sera fait à volonté, cependant le sens doit être plutôt horizontal afin de ne pas donner le même travail que celui qui silhouettera les peupliers ; le frottis pour ces derniers sera posé verticalement ou un peu en diagonale, selon le mouvement des branches. Quand on aura exécuté le frottis d'un groupe d'arbres, il faudra dessiner les branches avec le pinceau à filets en employant la couleur très liquide. Pour obtenir des demi-teintes, il suffira, comme il a été dit déjà, d'employer une petite brosse un peu courte, durcie par le lavage à l'essence et de repousser avec, la couleur fraîche. On ne devra dessiner les branches que lorsque le frottis sera frais ; tout arbre commencé doit être exécuté entièrement avant que la couleur n'ait eu le temps de sécher, il sera donc nécessaire de n'entreprendre que ce qui pourra être terminé dans la séance.

Pour continuer ce dessin, dont il ne reste plus que le terrain en talus et la route avec des ornières, voici comment on s'y prendra : Tout le talus sera peint d'une seule valeur et posée en glacis, en ne frottant pas, de manière à conserver le dessin du dessous indiquant la place et la forme des genêts ; puis on laissera *prendre* un peu le glacis, en ébauchant les terrains de gauche de la même façon. Quand le glacis aura un peu pris[1], on commencera à mettre des valeurs plus foncées en se servant d'une brosse courte et en posant les touches dans le sens de l'herbe ; les genêts seront peints avec une brosse plus longue de soie, et d'une seule valeur. On modèlera ensuite le terrain avec le chiffon en enlevant des demi-teintes, et pour terminer on ajoutera les accents foncés qui se trouvent sous les herbes et sous les genêts. Pour mettre des accents plus clairs sur les genêts ou sur les feuilles mortes, il suffit d'employer la pointe du canif ou la hampe du pinceau ; mais il ne faut jamais peindre les tons clairs avec du blanc, cela serait très vilain. C'est la préparation de la toile qui doit faire tous les clairs et toutes les demi-teintes pour que l'ensemble soit harmonieux. On terminera définitivement par la valeur claire de la route, en opérant de la même manière : une seule

[1] *Le mot pris, veut dire séché.*

valeur posée en glacis et essuyée par place, pour la modeler, en ayant soin de réserver les parties claires où le ciel se reflète dans l'eau des ornières, ces lumières pourront être obtenues après coup, en grattant avec le canif.

Les dessins qu'on obtiendra par ce moyen seront très agréables à voir; avec un peu de pratique, on arrivera très vite à les exécuter rapidement et à les faire aussi détaillés qu'on le voudra. C'est le procédé qui se prête le mieux aux retouches et avec lequel on peut pousser le plus loin la recherche des valeurs.

Avec une pochade de l'effet et un tel dessin, il sera facile de faire un tableau à l'atelier. Nous dirons plus loin ce qu'il est nécessaire de connaître pour faire un tableau et grandir l'étude.

Quoique ce dessin ne soit pas fait pour être ensuite peint avec les tons véritables, on pourra toujours l'utiliser à cet effet, mais il est utile, dans ce cas, d'en faire un calque avant de le peindre et de le garder en portefeuille ; ce calque servira à mettre au carreau si l'on veut ensuite grandir l'étude, pour en faire un tableau.

Étude de terre labourée. Effet de matin. — Parmi les paysages d'automne, il y a, pour le peintre, toute une mine d'études, d'observations et de tableaux à faire, rien qu'avec la terre labourée. Si l'on veut élargir le sujet en y introduisant les auxiliaires naturels et complémentaires en peignant les laboureurs, on pourra alors trouver, en ce genre, une spécialité qui peut suffire à toute une carrière artistique, tant elle est vaste. En effet, le labourage qui comprend déjà tout le paysage, englobe nécessairement les figures et les animaux dont nous parlerons dans des chapitres spéciaux.

Pour le moment, nous ne nous occupons de la terre labourée qu'au point de vue du paysage seulement. Cela peut d'ailleurs suffire pour y trouver le prétexte de bien des sujets de tableaux intéressants dont il serait aisé de donner ici de longues descriptions. Nous n'en fatiguerons pas le lecteur, nous voulons seulement lui indiquer un filon dans lequel il saura trouver lui-même ce qui lui conviendra. Mais avant cela, il nous est impossible de ne pas dire quelques mots du tableau inoubliable peint par Mlle Rosa Bonheur et qui est un des plus beaux parmi ceux qui composent le musée du Luxembourg. Chacun connaît cette toile intitulée *Le Labourage Nivernais*. Nous n'en ferons pas ici la description sur laquelle nous reviendrons dans la partie consacrée aux animaux; nous voulons seulement dire que la terre labourée y est traitée avec une maîtrise qui est le meilleur enseignement offert aux jeunes artistes. Ils y trouveront une entente du pittoresque et une conscience d'exécution, unies à une connaissance profonde de toutes les ressources de la palette, dont ils feront bien de s'inspirer en la méditant.

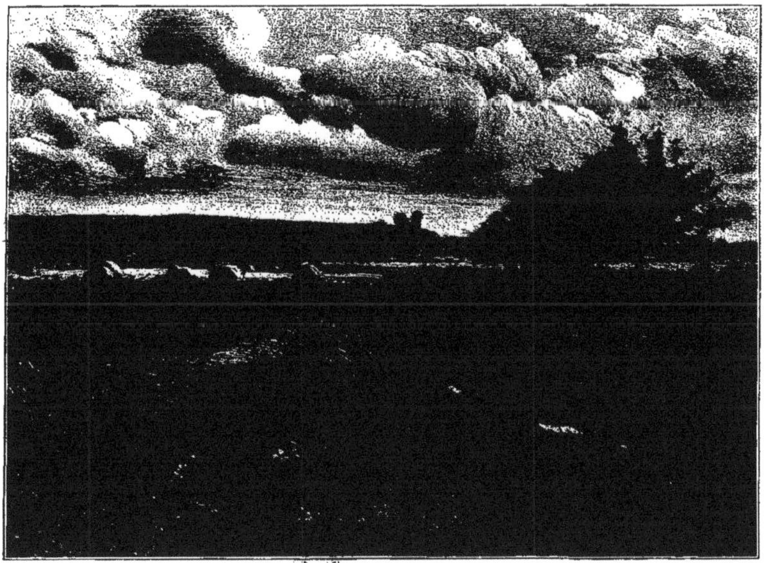

LES BLÉS

Pour revenir à l'objet de ce chapitre nous dirons que la terre labourée, quelle que soit la nature du terrain, est toujours très intéressante par la forme et la couleur; cependant, c'est dans les terrains gras, où la terre est lourde, compacte et brune, qu'elle offre le plus d'intérêt pour le peintre. Le soc de la charrue, en retournant la terre, donne aux

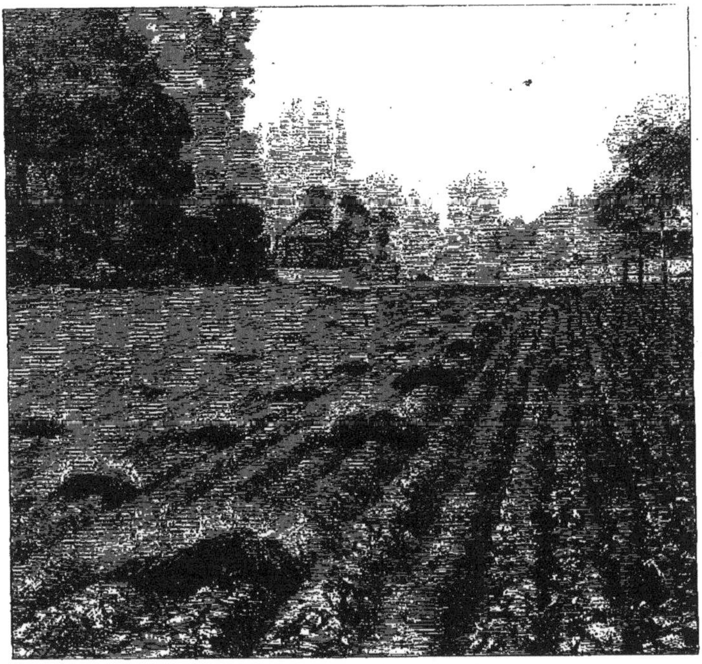

Terre labourée, effet du matin en automne.

mottes, une forme particulière qu'on ne trouve pas dans les terrains sablonneux où elle s'effondre en ne conservant presque pas de forme. Au contraire, le terrain gras montre des facettes coupées à angles vifs, sur lesquels reluit la rosée du matin ; c'est ce qui donne tant de charme et harmonise si bien tout. Quand un terrain labouré se trouve entouré de belles silhouettes d'arbres ou de maisons pittoresques, il n'en faut pas davantage pour faire le sujet d'un tableau. Si cette composition s'agrémente des jolies colorations de l'automne estompées dans les vapeurs matinales, le peintre se montrerait exigeant s'il désirait autre chose. Un paysage peut faire naître un chef-d'œuvre avec beaucoup moins d'éléments.

Le matin surtout, où l'évaporation terrestre répand sur toute la nature un vague charmeur dont bénéficient les objets les plus vulgaires, ne voit-on pas dans la campagne de prosaïques tas de fumier répandus dans la plaine, devenir, dans la fraîcheur matinale, d'une poésie charmante.

Peut-on voir d'un œil indifférent une simple charrette chargée de fumier dont la chaleur exhale une vapeur bleuâtre qui silhouette sa masse grise dans le nimbe qui la détache sur les fonds d'un paysage ensoleillé ?

Ces vapeurs, ces émanations matinales sont d'une poésie attendrissante que Corot a traduit mieux que d'autres et qui inspireront encore des générations de rêveurs et d'artistes. Les bords de rivière où traînent et flottent les vapeurs matinales de l'automne, sont, pour les paysagistes, de forts beaux effets à peindre. Il y a le moment unique, idéal, où le soleil sortant de l'horizon disperse tout en un clin d'œil ; effet saisissant qu'a si bien décrit le poète :

« Dans l'air frais du matin, sur le calme de l'eau,
« Une blanche vapeur, comme un encens s'élève
« Voilant dans le lointain la rive et le coteau.
« Le soleil va paraître et dissiper ce rêve.

« JACK MORAND ».

On écrirait un volume sur l'effet du matin, en automne ; contentons-nous, pour revenir à notre sujet, de dire que dans cet effet, les détails doivent être excessivement sobres. La terre labourée étant dessinée par masses aussi exactes que possibles, ce n'est que sur les premiers plans qu'il sera permis d'accentuer les détails de chaque motte de terre, tout en évitant les sécheresses, les duretés de contour qui nuiraient à l'enveloppe générale. La perspective des sillons peut être dessinée de sentiment en se fiant aux lignes qui contentent l'œil, quand on dessine ou que l'on peint une étude. Si cette étude était agrandie pour devenir un tableau, la précision ne serait pas suffisante, il faudrait recourir à une opération de perspective devenue indispensable pour ne pas s'exposer à des erreurs pardonnables dans une étude, mais que la critique réprouve dans un tableau.

L'hiver. — L'hiver, pour le paysagiste indépendant, qui peut habiter la campagne, offre aux artistes des sujets de tableaux qui sont pour la plupart, beaucoup moins connus que ceux de l'été. La neige et le givre font des paysages merveilleux avec les motifs les plus ordinaires, qui prennent, sous les déformations ouatées de la neige, des lignes et des effets très inattendus.

Tous les artistes ont peint la neige et la gelée blanche. Courbet en a peint des tableaux superbes et Rousseau a fait un chef-d'œuvre en peignant son célèbre tableau *le Givre*.

La neige est d'ailleurs fort intéressante à étudier et suffit à contenter tous les artistes, soit qu'ils se passionnent pour la couleur, soit qu'ils recherchent seulement le dessin pittoresque. Tous les effets ordinaires ou accidentels que produit la nature, se trouvent en plus agrémentés de l'imprévu du ton et de la forme que la neige vient ajouter à chaque chose.

C'est encore un paysage des environs de Grenoble que présente le dessin ci-contre et qui va nous servir à expliquer comment on devra procéder pour peindre un effet semblable.

C'est un effet gris, quoique le temps soit assez clair, mais dans ce pays le soleil se montre peu dans les journées d'hiver où, dès trois heures de l'après-midi, il disparaît derrière les montagnes, n'éclairant plus guère que les sommets du massif de la Grande-Chartreuse, ce qui, entre parenthèse est d'un effet magnifique. Dans cette étude, le ton gris chaud du ciel, quoique relativement clair, est cependant assez monté de ton pour que la neige des premiers plans s'enlève en clair dessus. C'est par le soleil que l'on devra commencer à peindre cette étude, après avoir fait un dessin rapide, car ici, c'est l'ensemble des tons qu'il s'agit d'étudier et le travail doit être terminé dans la séance. On n'emploiera donc, à cet effet, qu'un petit format, toile ou panneau de 4 ou de 6, selon l'habitude acquise de la palette et des pinceaux.

Le ciel étant peint comme il a été dit précédemment, c'est par la montagne du fond, nommée le Saint-Eynard, que l'on commencera à exécuter le paysage. Pour aller plus vite et aussi pour que les quelques détails des plans accusés par la neige se fondent et s'enveloppent plus facilement, il sera nécessaire de faire le ton général de la silhouette qui est gris bleu et de remettre ensuite les tons plus clairs de la neige, dont les contours doivent être noyés complètement dans l'ensemble, au moyen d'une brosse large et douce qui, étant passée légèrement, adoucit, fond et enveloppe en conservant les formes vagues et indécises.

La montagne de gauche, qui est plus rapprochée, sera exécutée ensuite par les mêmes procédés en observant sa valeur, par rapport à l'ensemble. Les fonds se peindront enfin en excluant tous les détails.

Pour ne pas être tenté de mettre des choses superflues nuisibles à la perspective aérienne, il sera indispensable de peindre les fonds avec des brosses, l'emploi des pinceaux préciserait trop les contours.

La bâtisse de la ferme sera peinte ensuite, en procédant toujours du plus foncé au plus clair, ce qui obligera à terminer par la neige qui recouvre la toiture. Les meules de paille seront exécutées de la même façon, puis on peindra les terrains dont la finesse de coloration est toujours très grande et bien en rapport avec le ciel qui s'y reflète. L'étude se terminera par les arbres et les vignes qui seront dessinés le mieux possible, mais sans attacher autant d'importance à ce dessin qu'à la justesse du ton et des valeurs. Il est permis de mettre des empâtements si cela est jugé nécessaire, mais on ne devra le faire qu'à bon escient, c'est-à-dire, avec mesure, en les limitant à l'unique morceau que l'on veut affirmer. Ces parties peintes solidement ne devront pas accuser des angles coupants et secs, attendu que le caractère général de la neige, est la douceur, l'enveloppe du contour et l'arrondissement des angles. Il n'est peut-être pas inutile de dire ici que le meilleur moyen de résister au froid quand on veut faire des études de neige, est de se servir de sabots comme chaussures ; si l'on travaille près d'une habitation, il sera prudent de placer quelques planches à terre, avant de s'installer. C'est ainsi que l'on évitera à peu près les risques de refroidissements.

Pour faire un tableau, la pochade peut suffire à l'exécution si elle est juste de valeurs et de tons, mais il est indispensable de retourner faire un dessin aussi exact que possible qui donnera tous les renseignements qui manquent dans une pochade hâtive.

De nouvelles descriptions n'ajouteraient rien ; malgré la diversité des effets, les procédés sont toujours les mêmes ; nous dirons seulement que la blancheur de la neige qui est parfois d'un éclat insoutenable pour la vue, ne s'obtient qu'avec des colorations et des valeurs justes en leurs rapports ; que la lumière est excessivement colorée et qu'il ne faut jamais se mettre dans l'obligation d'avoir recours au blanc pur, en partant à l'ébauche, dans une gamme trop claire. Nous avons dit souvent déjà, que le blanc n'est pas lumineux et que ce n'est qu'en colorant les études et en observant les lois des complémentaires que l'on obtiendra la puissance et la vibration des lumières.

Les rues de village. — Les maisons, même les moins pittoresques, sont les études que l'on affectionne quand on commence à peindre, parce que l'on croit, presque toujours, que cela est moins difficile. C'est un peu vrai. Quoique le dessin d'une maison avec sa perspective souvent très compliquée à cause du manque de recul qui est l'inconvénient des rues de village, soit aussi une difficulté dont on ne sort pas toujours aisément, on s'arrête plus volontiers devant une maison que devant un arbre. Les arbres sont la terreur des jeunes paysagistes et, d'instinct, ils ne s'en approchent pas, préférant les rues pittoresques et les cabanes délabrées des villages.

Cependant ces études ne sont pas aussi simples qu'on se l'imagine, pour bien les mettre en perspective et leur donner leur véritable caractère. Il y a d'abord l'effet qui passe vite et dont les ombres portées modifient et transforment rapidement le dessin et la place de chaque partie, sans parler des nombreux inconvénients d'une installation difficile, gênant les habitants plus ou moins disposés à être tolérants pour un artiste qui leur fait l'effet d'un personnage oisif, quand il ne leur semble pas nuisible et d'un mauvais augure. Il y a encore les voitures, les animaux, et surtout les enfants qui sont le fléau le plus redoutable à cause de leur ignorance des convenances et du sans-gêne avec lequel ils troublent la quiétude du travailleur.

Voilà donc déjà des raisons suffisantes pour démontrer qu'il n'est pas si commode de peindre les rues de village qu'on ne l'avait pensé, mais ce n'est pas cela seulement qui les rend difficiles, il y a d'autres raisons. Le portrait plus ou moins réussi des propriétés villageoises peut, à la rigueur, suffire à des études agréables, mais pour faire un tableau dans ce genre, il faut beaucoup de connaissances et de science acquise. Les maisons ne constituent qu'une partie de la vie champêtre, il faut, pour en être le peintre, représenter tout ce qui les anime, aussi bien les habitants que leurs animaux domestiques; il faut aussi être assez habile pour peindre rapidement les groupes de figures qui stationnent fort peu, ou même les chevaux, les moutons, les vaches qui ne font que passer rapidement, en piquant une note furtive, étincelante souvent, qui ne dure que le temps d'une apparition. Ce n'est qu'à cette condition que les rues de villages peuvent avoir de l'intérêt, et pour y réussir, on reconnaîtra qu'il faut pouvoir dessiner et peindre tout ce qui se présente; dans le cas contraire, on ne ferait que des paysages tristes, sans vie, comme ceux que nous avons traversés en temps de guerre, où les habitants avaient fui à l'approche de l'ennemi.

Le dessin ci-contre montre la place d'un village des Hautes-Alpes, en plein soleil après-midi; c'est l'heure où tout le monde travaille à la rentrée des foins qui est une des plus grandes ressources de ces pays déshérités, car toute l'industrie consiste à cultiver un peu de blé et de pommes de terre et à ramasser du foin pour nourrir quelques animaux pendant l'hiver. Ces pauvres gens partagent avec les vaches et les moutons leur nourriture et leur logement, étant condamnés par la nature à vivre cachés sous plusieurs mètres de neige pendant quelques mois chaque année. C'est presque le village abandonné dont nous avons parlé plus haut, car seul, M. le Curé, qui vient de visiter un malade sans doute, rentre au presbytère après avoir effarouché les poules de sa servante qui picorent à travers la place et les rues.

L'effet de plein soleil qui argente les toitures et jusqu'au vieux clocher de l'église, est intéressant par sa brutalité même, qui en fait un sujet d'étude où les colorations et les valeurs sont des plus difficiles à observer.

Tout ce qui a été dit précédemment s'applique à la manière de peindre cet effet, nous ne nous y arrêterons pas davantage, nous ajouterons seulement une recommandation que l'on ne saurait trop répéter : « Dessinez le plus possible, il vaut mieux passer plusieurs séances à établir un dessin qui satisfasse entièrement, que de se voir contraint en peignant de déplacer des formes reconnues mauvaises de proportions. Souvenez-vous du conseil d'Harpignies : « *Si vous passez deux heures à faire une étude, dessinez une heure trois quarts.* »

Le dessin devient vite aussi amusant que la peinture lorsqu'on s'y applique sérieusement et, comme malgré le temps qu'il absorbe, on dessine plus vite que l'on ne peint, on a l'avantage de pouvoir rapporter en quelques jours une série de documents qui seront conservés et utilisés toute la vie.

Un jeune peintre doit dessiner beaucoup ; il faut qu'il divise son temps et son travail en deux parties, l'une consacrée au dessin, l'autre à la peinture, quand il est installé à la campagne pour y faire des études. Nous avons donné des moyens différents pour faire des dessins, on pourra donc, après avoir essayé chacun d'eux, s'en tenir au procédé que l'on jugera le plus pratique. Toutefois nous insisterons, pour que l'on essaie à plusieurs reprises les dessins au trait à l'encre de Chine et sur toile à peindre. Ces dessins seront ensuite aquarellés à l'huile ou à l'eau, mais les glacis à l'huile sont plus faciles et plus rapides, de plus, ils font l'office d'une ébauche pour le cas où l'on déciderait de les peindre. Ces dessins coloriés de tons à peu près justes, mais dont les valeurs surtout sont observées rendent dans la suite, beaucoup de services au peintre expérimenté et ils constituent des documents essentiels qui sont inestimables pour l'artiste qui ne vit pas entièrement à la campagne.

Le paysagiste doit être un paysan ; il faut qu'il vive au contact immédiat de la nature, le temps qu'il passe à la ville est un temps perdu pour ses études et ses observations qui doivent être constantes. Pour être un paysagiste, il faut aimer la nature au-dessus de tout. S'il n'en était pas ainsi, il serait préférable de chercher une autre voie, car on ne serait jamais qu'un peintre plus ou moins adroit, comme il y en a tant, ce n'est pas là ce qu'on nomme un paysagiste.

Conseil pour éviter le craquelé. — Il arrive fréquemment, lorsqu'il étudie les rues de village, que le peintre change l'effet de certaines parties soit pour placer une ombre portée sur un mur nu et dépourvu de tout intérêt, soit pour remettre dans l'ombre toute une partie de mur qui était ébauchée au soleil. Ces changements qui sont souvent indispensables, doivent être faits en procédant minutieusement pour éviter l'inconvénient du *craquelé* qui se produit presque toujours, quelques jours après ces retouches, voici pourquoi : Les dessous, ou l'ébauche d'un mur au soleil ayant été peints avec le blanc d'argent à peine teinté et mis avec empâtements, constituent une partie grasse où l'huile est abondante. Tandis que l'ombre que l'on vient repeindre en demi-pâte ou en glacis n'est composée que de couleurs non couvrantes ; puisque le blanc n'y entre que pour une très faible part. Les dessous absorbent alors le liquide de la nouvelle couche de peinture qui se *fendille* et laisse voir les blancs de l'ébauche qui se montrent dans un dessin *craquelé*, assez semblable à celui des vieilles faïences. Nous allons dire comment on évitera cet inconvénient.

Règle générale, il ne faut jamais peindre *maigre* sur un fond gras. Le craquelé se produirait encore si l'on peignait *mince* sur un dessous gras. Les dessous et l'apprêt des toiles ont, comme on le voit, une très grande importance et doivent toujours être peints avec plus d'essence que d'huile. Il ne faut jamais apprêter les toiles avec les *grattures* de palette ; si l'on ne se contente pas de l'apprêt tel qu'il est fait par les fabricants, il faudra bien éviter de mettre de l'huile dans le blanc dont on les recouvrira. La céruse achetée toute broyée et dans laquelle on ajoutera de l'essence, et au besoin quelques gouttes de siccatif, sera suffisante. Beaucoup d'artistes peignent sur des panneaux non préparés et s'en trouvent bien ; d'autres peignent sur la toile en la préparant seulement avec un encolage de colle de peau très liquide, qui resserre les fils et permet de peindre sans danger. D'autres enfin apprêtent leurs toiles avec de l'essence, du plâtre, de la cire vierge et un peu de blanc d'argent. Ils font de ce mélange une peinture liquide que l'on nomme en terme de bâtiment, *une impression*. Ils en étendent une couche seulement, et puis ils peignent dessus. Toutes ces préparations ont leurs qualités et leurs défauts, ce qui convient à l'un est répudié par l'autre. Il est bon d'en faire soi-même l'expérience et de décider ensuite.

Pour éviter le craquelé, lorsque l'on veut faire un changement comme celui que nous signalons au début de ce chapitre, voici comment il faut procéder : l'emploi du grattoir ou du rasoir est indispensable, il faut enlever entièrement l'ébauche, de façon à obtenir l'apprêt tel qu'il était avant et reébaucher à nouveau.

Le dessous gras est toujours mauvais, son moindre inconvénient est de procurer un embu désagréable lorsque l'on exécute définitivement. C'est pour cela qu'il faut éviter l'huile et ébaucher avec de l'essence quand on emploie du blanc, pour les autres tons transparents, le liquide composé de trois parties égales que nous avons recommandé, est ce qui nous a semblé le meilleur jusqu'ici.

Le plein soleil ou le paysage éclairé de face. — L'école impressionniste qui recherche principalement les colorations claires, a donné à toute la peinture une impulsion nouvelle ; beaucoup de peintres ont recherché les effets sans ombres pour peindre clair, et les paysages en plein soleil sont devenus à la mode.

Un des peintres qui ont le plus contribué à donner au public et aux artistes eux-mêmes, le goût de cette peinture claire est assurément *Gagliardini* qui obtient aux Salons des succès indéniables, avec des tableaux d'une lumière éclatante, frappant les yeux et retenant l'attention des visiteurs par leur extraordinaire fraîcheur. La difficulté de faire de la peinture claire consiste surtout à ne pas décolorer les tons, or, comme il faut que le point de départ soit excessivement clair, il faut, pour que le tout soit à l'avenant, que les rapports de valeurs soient justes et que les tons complémentaires soient très étudiés. Dans une lumière qui éclaire un pan de muraille, par exemple, supposons un mur en plein soleil ? ce mur est de différents tons, il y a des parties de plâtre neuf, remises sur l'ancien, des affiches blanches et des parties peintes en tons les plus divers. Toutes ces teintes semblent variées de valeurs, le plâtre neuf a l'air d'être plus clair que tout ce qui l'entoure et c'est pour lui que l'élève réservera tout ce qu'il pourra mettre de plus blanc sur cette partie. Qu'arrivera-t-il ? c'est qu'il n'obtiendra aucune lumière.

La théorie déjà plusieurs fois décrite qui consiste à mettre dans une même valeur tous les tons d'un même plan est ici très à sa place. C'est en mettant des tons différents, mais complémentaires et de même valeur, que l'on obtiendra la lumière sur ce plan. Si au contraire on le divise en compartiments de valeurs différentes, il n'y aura plus d'éclat.

Le paysage représenté par la planche en couleur est la preuve de ce que nous venons de dire. On y voit sur les murailles éclairées en plein soleil et selon leurs plans, des valeurs uniques, mais de colorations diverses. On obtient aussi, dans une partie d'un seul ton, des tons qui paraissent différents, en variant la facture dans un sens ou dans un autre, en employant tour à tour, la brosse et le pinceau, en peignant avec plus ou moins de pâte, en donnant, par places, une facture lisse au moyen du couteau truelle ou en passant le pouce légèrement sur la couleur fraîche.

Cependant le couteau devra être dissimulé le plus possible, car il donne facilement un aspect commun à la peinture, malgré les quelques services qu'il peut rendre, il ne faut pas qu'on puisse le soupçonner.

Paysages nocturnes. — Effet de lune au crépuscule. — Les paysages de nuit ont un charme très grand à cause du silence et du mystère qui enveloppe toute la nature pendant l'absence du jour. L'effet de lune au moment où elle se lève au crépuscule, est un de ceux dont les peintres se sont le plus occupés ; cela tient sans doute à ce que l'on est généra-

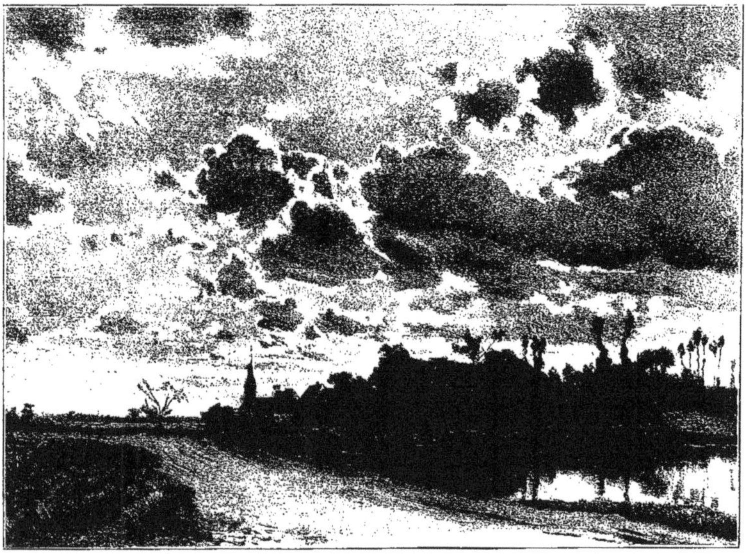

CIEL BLEU ET NUAGES ÉCLAIRÉS A CONTRE-JOUR

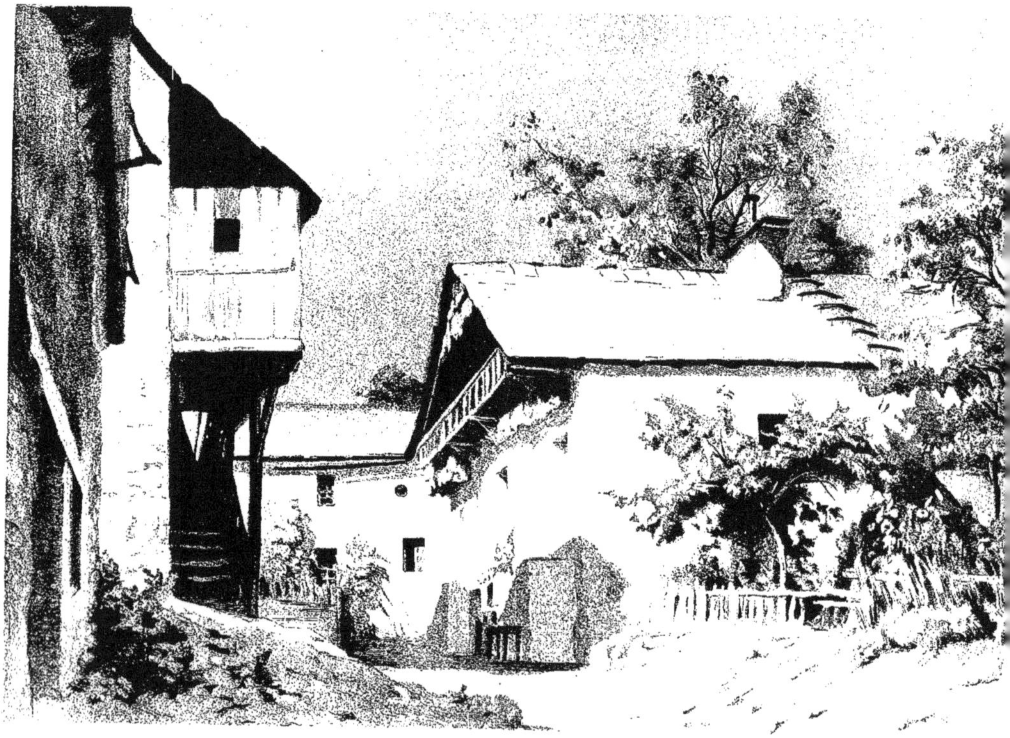

lement dehors à cette heure et que l'effet se manifeste souvent pendant que l'on est encore installé à peindre. Quelles qu'en soient les raisons, un artiste ne peut rester indifférent à l'excessif enchantement de cette grande symphonie et comme de l'admiration à l'essai de traduire la sensation il n'y a qu'un pas, il le franchit d'instinct. La lune, dans cet effet, n'éclaire pas le paysage, mais elle s'harmonise admirablement avec les tons mauves du ciel et les vapeurs bleuâtres et violettes qui enveloppent la nature à cette heure crépusculaire.

Tous les paysagistes, sans exception, ont peint des levers de lune, Daubigny y a excellé. Mais peu de peintres se sont voués aux difficiles études de la nuit et c'est à peine si quelques-uns ont entrepris de la peindre sérieusement, malgré la diversité des effets que l'on peut en tirer. Cela tient assurément à l'aversion de l'école actuelle pour toute peinture qui n'est pas dans une gamme claire et peut être aussi, aux difficultés matérielles de l'installation. Il est vrai que l'on est presque toujours fort mal à l'aise quand on travaille dehors, la nuit. Il fait froid et humide en toutes saisons ; l'effet change très vite ; enfin on est fort mal éclairé et la palette n'a presque plus de couleurs visibles, les jaunes deviennent blancs, les bruns, les bleus, les rouges, etc., se confondent avec les noirs, quant aux finesses des tons gris, elles sont inappréciables. Voilà bien des raisons, on doit l'avouer, pour que des peintres fatigués par une journée de travail restent paresseusement à table ou couchés, pendant que la lune prodigue ses plus belles clartés sur les mystérieuses solitudes, où les artistes ne manqueraient pas de trouver une merveilleuse abondance de sujets à traiter.

Cependant, depuis le grand artiste flamand *Van der Neer*, qui se voua presque exclusivement aux paysages nocturnes, il y a eu bon nombre de peintres qui ont tenté, avec succès, de peindre des effets de lune. *Joseph Vernet* a peint en ce genre des toiles admirables qui sont inoubliables lorsque l'on a visité le musée du Louvre. Millet, le peintre de *l'Angélus*, a exécuté aussi des effets de nuit et des parcs à moutons vus au clair de lune, qui sont des chefs-d'œuvre incontestés. *Charles Jacques*, *Jonkind*, *Eugène Lavieille*, *Cesbron*, ont traité les mêmes sujets avec succès.

Quand on veut peindre un effet de nuit, la première difficulté qui se présente, c'est le manque d'éclairage et il n'est pas aussi facile d'y remédier qu'on le suppose, malgré les récentes découvertes de l'électricité et de l'acétylène. En effet, on pourrait croire que la lanterne perfectionnée dont se servent les cyclistes, donne aux paysagistes, toute la lumière désirable pour peindre la nuit. Il n'en est rien, voici pourquoi : elle éclaire trop !... cela paraîtra surprenant, mais c'est ainsi. La palette, l'étude, la boîte que l'on tient sur les genoux, tout cela est tellement clair que l'on est ébloui et qu'il devient impossible de distinguer les tons du paysage. Toute la nature semble noire et d'une valeur uniforme. Il serait presque préférable d'éteindre la lanterne et de peindre avec la seule clarté lunaire.

Ce qui est préférable à tout, c'est la modeste bougie placée dans une lanterne et accrochée après la pique du parasol, en ayant soin de tourner vers soi le côté où se trouve la plaque de fer blanc qui forme réflecteur et protège la vue.

Nous dirons plus loin comment on peint un effet de nuit, mais nous allons d'abord parler du lever de lune au crépuscule.

Cet effet dure fort peu et l'on sait qu'au moment où il devient intéressant par sa vigueur, il ne fait plus assez clair pour peindre. On sait aussi que la lune se lève chaque jour avec un retard de plus d'une demi-heure et qu'elle apparaît à l'horizon, beaucoup plus à gauche le lendemain que la veille. Pour toutes ces raisons, il est très difficile de peindre cet effet, à moins d'habiter la campagne et de connaître l'orientation du pays. Tel motif entrevu la veille ne sera plus semblable le lendemain, puisque, même dans l'été, où les jours sont très longs, si l'on voit encore assez clair, pour peindre, malgré le retard de la lune, l'effet sera tout différent. L'astre lumineux qui se reflétait dans les eaux de la rivière ou de la mare, n'étant plus à la même place que la veille, l'effet sera changé.

Il faut donc calculer exactement le jour où l'on sera certain d'obtenir l'effet à l'heure voulue ; cela est facile en venant l'attendre deux ou trois jours à l'avance, pendant lesquels on préparera le dessin du motif. Ce dessin peut être fait de diverses façons : au fusain fixé en mettant les valeurs, par un dessin peint comme il a été dit pour le coucher de soleil derrière les châtaigniers, enfin par un dessin à l'encre de Chine qui préparera la toile.

Voici une autre préparation que nous avons adoptée et qui rend de grands services pour faciliter la rapidité de l'exécution : préparez l'hiver des petites toiles ou des panneaux depuis le 1 jusqu'au 6 (il serait difficile de peindre sur un format plus grand) ; voici comment on doit faire : On prend du blanc d'argent, du noir d'ivoire et du brun rouge, on triture le tout sur la palette jusqu'à ce que l'on obtienne un ton brun foncé de la valeur du ton de bois vieux chêne. On étale ensuite ce ton sur les toiles ou les panneaux en se servant d'une brosse, un peu large et en ne donnant aucun sens aux coups de brosse. S'il est nécessaire d'ajouter un peu de liquide à cette pâte pour mieux l'étaler, un peu d'essence prise dans le pincelier et quelques gouttes d'huile de lin suffiront. Cette préparation doit avoir été faite longtemps avant de s'en servir. Pour qu'elle soit utilisée sans inconvénients il faut qu'elle ait eu le temps de sécher profondément, en cas contraire, ce qui serait peint dessus se fendillerait.

Le panneau préparé ainsi permet au paysagiste qui en possède toujours un dans sa boîte, de ne jamais être pris au dépourvu et de peindre dans de bonnes conditions de succès, un effet de lune se présentant au moment où il ne s'y était pas préparé.

Le dessin s'esquisse avec de la craie et lorsque les proportions semblent suffisantes, on redessine chaque partie avec le pinceau en se servant d'un ton unique composé avec du noir, de la laque ordinaire, et un peu de blanc (très peu). Le liquide composé des trois parties, huile,

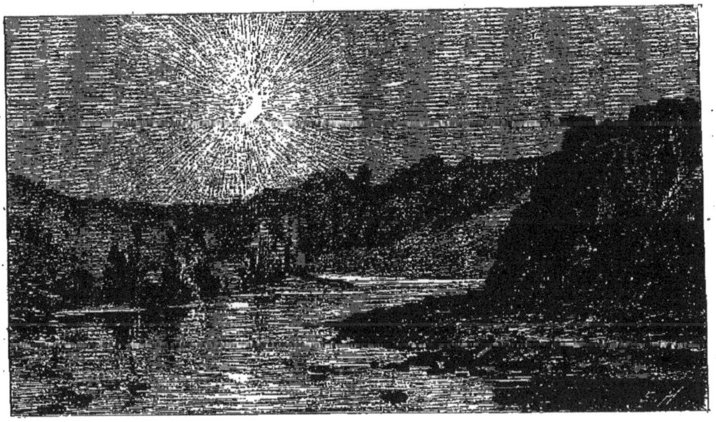

Lever de lune au bord d'une rivière.

essence, siccatif, servira à liquéfier ce ton et le dessin pourra être fait très soigneusement, si on en a le temps.

Nous avons vu que l'on pouvait se trouver dans l'obligation de peindre au moment le plus inattendu; s'il en était ainsi, le dessin étant trop long à faire pour un effet qui passe si vite, on se contenterait d'une indication sommaire de la forme, et l'on peindrait du premier coup dans le ton juste.

Pour procéder ainsi, il faut poser d'abord la note jaune de la lune en s'efforçant de la colorer sans s'occuper des autres valeurs. Cela fait, on ajoute les tons gris-violet qui l'entourent en les montant de ton, c'est-à-dire en les forçant jusqu'à ce que la lune semble très brillante, puis on achève de couvrir le ciel en cherchant les valeurs et les tons sans se préoccuper de la forme des nuages, s'il s'en trouve, mais en plaçant leurs tons le plus justement possible. Quand la partie du ciel est ainsi couverte, on obtient déjà l'effet, car la préparation foncée du panneau silhouette tout le paysage.

Si c'est un bord de rivière que l'on peint, il sera urgent de placer immédiatement le reflet de la lune dans l'eau et de peindre la rivière, en observant que les parties claires du reflet de la lune sont moins claires que la lune elle-même. Si l'eau est mouvementée, on verra aussi que le reflet lumineux diminue d'intensité en s'éloignant ainsi que l'indique notre dessin. Ces reflets en diminuant, se colorent et deviennent plus rouges, toute la partie de la rivière reflète le ciel, mais d'une manière relative, en raison du mouvement de l'eau et des rochers qui s'y reflètent aussi. Toute la masse du coteau boisé qui ferme le fond sera ébauchée d'un seul ton violet, dans lequel on ajoutera les tons verts des arbres qui sont presque de la même valeur. Les tons plus clairs, rouges et gris qui dessinent les terrains en pente seront mis ensuite, sans détails, rien que par des valeurs. Les tons violets et verts plus clairs des terrains de gauche seront ébauchés à plat sans aucun détail et l'on peindra par-dessus, les arbres qui bordent la rivière, en commençant par les dessous qui sont très foncés et en plaçant le ton vert le plus clair pour en indiquer le modelé. Les grands rochers de droite seront ensuite dessinés par leur ton le plus foncé et dans les parties où la préparation du panneau se trouvera être juste de valeur et de ton, il ne sera pas indispensable de les peindre. Il faut s'aider de tout ce qui peut servir à opérer rapidement, l'important est de faire un ensemble juste de ton et de valeur. La facture, l'exécution, le dessin, tout cela doit être oublié, pour ne penser qu'à la justesse de l'effet. Les rochers seront indiqués par une touche qui résumera leur valeur générale qui est foncée dans les dessous. Pour ceux qui sont sur le terrain ou dans l'eau, le dessus qui reflète un peu le ciel est toujours plus clair et d'un ton très froid, participant des bleus et des verts du ciel.

Quand tout sera ainsi ébauché, on observera l'ensemble de la nature et l'on se rendra compte si le rapport des valeurs générales semble juste. Si l'on est à peu près satisfait, il ne faudra plus rien retoucher, car on ne ferait que gâter l'à peu près obtenu. C'est surtout dans cette circonstance que : *Le mieux est l'ennemi du bien*, il faudra s'en souvenir pour ne pas compromettre un document très utile.

Ces effets de lune se levant au crépuscule, sont enveloppés, fondus pour ainsi dire, et la facture que l'on emploie pour les exécuter doit être différente de celle avec laquelle on peindrait le même motif s'il était vu à un autre moment. Il ne faut pas de brutalités ni d'épaisseurs de pâte, surtout dans les arbres dont la forme vague semble frissonner sous la légère brise du soir. L'indécision qui règne dans la nature à cette heure, laisse à l'imagination toute liberté d'interprétation. Dans les arbres, notamment, on ne voit plus que les branches principales et les troncs, c'est ce qui fait que les feuilles semblent les entourer sans y être coudées. On ne voit plus comment les dernières feuilles tiennent aux branches; elles ont l'air de voleter autour, c'est ce qui donne tant d'air et de vie.

La touche peut et même doit rester visible, mais il faut qu'elle soit judicieusement appliquée à l'objet qu'elle veut interpréter. Si l'on blé-reautait partout pour fondre les touches, on obtiendrait une peinture lisse, polie et froide comme le marbre, qui serait triste et ennuyeuse à voir.

Dans une peinture bien exécutée, la touche ne doit pas se reconnaître, parce que le côté matériel du procédé enlève le charme qui doit parler mystérieusement à l'âme.

Corot, dans toutes ses œuvres si poétiques, a su mettre ce charme au plus haut degré; il avait compris d'instinct que l'immatérialité, l'impalpabilité devaient être la poésie des choses. C'est pour cela qu'il employait peu d'épaisseur de pâte, et que souvent, avec de simples frottis bien en valeur, il obtenait autant de vigueur que d'autres maîtres, avec beaucoup plus d'air et de poésie. Les effets si enveloppés du matin, à l'aube naissante, ont eu, pour Corot, un charme plus grand que les autres heures de la journée, quoiqu'il ait peint tous les effets. Mais comme il le disait lui-même : *Le mystère de l'enveloppe matinale est le plus grand charme du paysage; dans la journée on voit tout, il n'y a plus rien à faire pour le peintre.* Quand on regarde un matin de Corot, on éprouve la sensation de fraîcheur et jusqu'à la disposition d'esprit si particulière, dans laquelle on se trouve à cette heure matinale. Si c'est un soir qu'il nous montre, on se sent envahi d'une émotion douce et mélancolique, si manifeste que l'on oublie la peinture pour revivre des sensations qui ont été parfois jusqu'aux larmes. Voilà ce que le grand peintre Corot nous fait éprouver devant ses œuvres. Si l'on examine la touche, si l'on recherche ses moyens d'expression, en un mot son métier, on n'en trouve pas. Voilà ce que nous conseillons aux jeunes peintres de méditer.

L'effet de lune éclairant de face. — Nous avons dit combien ces effets sont difficiles et pénibles même, à cause des raisons matérielles qui entravent le travail. Pour s'entraîner à ce genre d'études, il est nécessaire de prendre des dispositions spéciales, même lorsque l'on est jeune et résistant à la fatigue. Ainsi, pour ne pas se surmener et pouvoir fournir une somme de travail fructueux, il sera indispensable de ne pas peindre dans le milieu de la journée quand on aura l'intention de faire une étude de nuit. Nous savons, par expérience, combien s'émoussent les bonnes résolutions prises, quand, après une journée très remplie par le travail et suivie d'un repas bien gagné le sommeil et la fatigue nous sollicitent au repos. Il nous est arrivé souvent de partir à l'étude dans ces conditions pénibles, où il faut une grande force de volonté et un sentiment du devoir au-dessus de la moyenne, pour ne pas suivre le conseil de la nature et le penchant à la paresse qui sont si tentateurs; les forces humaines ont une limite, même chez les natures les plus résolues.

Il sera bon, pour se familiariser avec les tonalités nocturnes, de commencer par peindre ce que l'on voit par une fenêtre, en restant à l'intérieur de l'appartement. Tout sera bon à cet effet; les premières maisons venues peuvent être intéressantes.

La planche en couleur montre des maisons faites ainsi, dans un village de la Creuse; on en trouve de semblables partout.

Pour faire des études de nuit, il est nécessaire d'employer des panneaux ou des toiles de petit format et nous avons expliqué au chapitre précédent comment on devait les préparer pour faciliter le travail. Nous ne le répéterons plus.

Après un dessin qui sera fait attentivement par le procédé que nous avons décrit, on commencera par mettre les tons des toitures, bien en valeur, en considérant l'apprêt de la toile ou du panneau comme étant la valeur du ciel qui sera laissé tel, momentanément. On peindra ensuite les parties dans l'ombre, par de grands à plats, en ne s'occupant absolument que de la justesse des valeurs, *sans détails*. Nous soulignons ces deux mots pour les signaler à l'attention de l'élève qui sera presque toujours tenté de faire plus qu'il ne voit. C'est là une des plus grandes difficultés à vaincre car il faut se surveiller soi-même. On veut toujours mettre ce que l'on ne voit pas, mais que la mémoire vous rappelle, et c'est justement ces détails qui, en étant invisibles, donnent un si grand caractère à l'enveloppe de la nuit. La lumière de la lune a beau être parfois très vive, le vague envahit tout. Quant aux ombres, elles n'ont, pour ainsi dire, pas de reflets ni de clair-obscur; rien que cette observation suffit à donner à une étude l'aspect nocturne. Les parties de plâtre éclairées, sont plus claires que le ciel et les lumières qui brillent aux fenêtres sont, dans un seul endroit, plus claires que le plâtre. Le ciel qui semble bleu par les oppositions qui l'entourent, est souvent vert, violet et gris; les étoiles sont vertes, rouges ou jaunes. Pour les faire briller, il est nécessaire de faire un ton gris plus clair que le ciel et de s'en servir pour préparer la place où l'on veut peindre une étoile. Lorsque ce ton est placé et fondu dans le ciel, on place, au milieu, une touche avec du blanc et du vert émeraude pour imiter la couleur de l'étoile, que le ton gris préparatoire rend lumineux et enveloppé. S'il y a plusieurs étoiles, on examine celle qui est la plus brillante et quand on l'a peinte comme il vient d'être dit, on reprend le ton le plus clair avec la pointe du pinceau à filets, et l'on place au milieu de

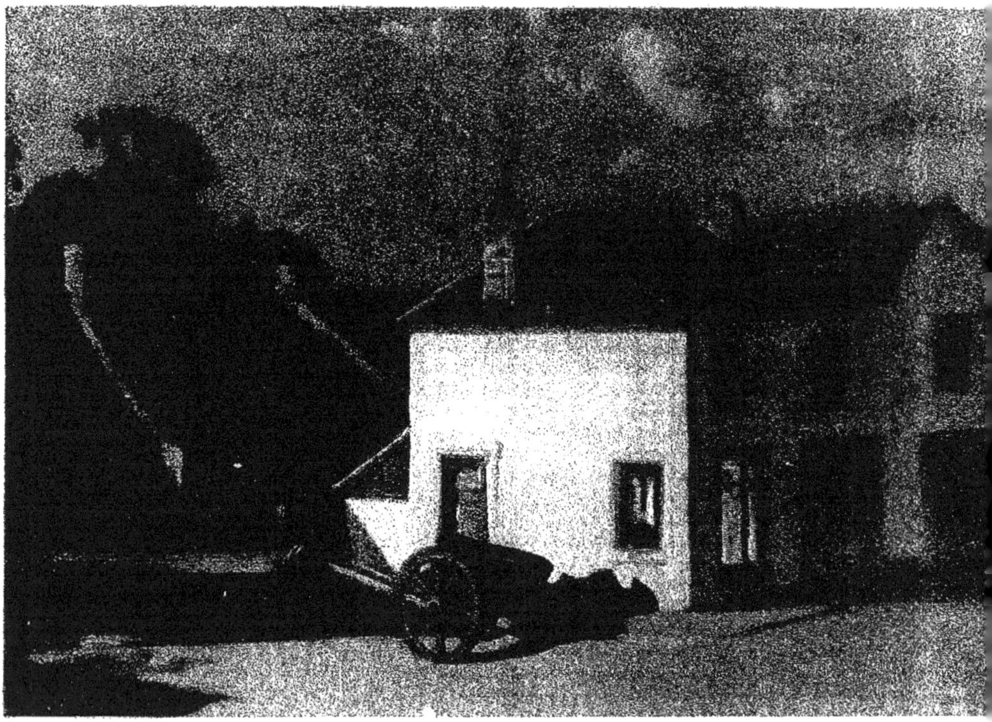

l'étoile un petit empâtement qui accrochant la lumière la fait paraître plus brillante. Il serait inutile d'ajouter que l'on ne doit pas employer le blanc pur pour peindre une étoile, puisque le blanc n'est pas lumineux; mais ces redites nous semblent utiles pour que l'on n'oublie pas cet avertissement.

Le noir d'ivoire, le brun rouge, l'ocre jaune, le bleu d'outre-mer, le blanc, le vert émeraude et la laque ordinaire sont, avec le cadmium clair et la mine orange, à peu près toutes les couleurs qui composent

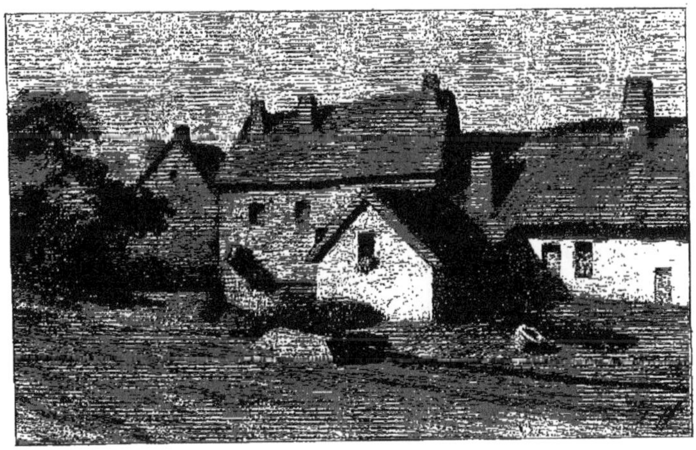

Effet de lune éclairant de face.

la palette pour peindre la nuit. Il est nécessaire de toujours charger la palette de la même manière, afin de ne pas être exposé à des surprises désagréables le lendemain, quand on examinera au jour, une étude peinte la nuit. Le bleu, le noir, le vert, le brun sont de même valeur, on ne saurait plus les distinguer à la lumière jaune et terne d'une bougie, si on en intervertissait l'ordre prescrit au début de nos démonstrations. Après quelques études faites chez soi en regardant par une fenêtre, il faudra sortir, s'installer dehors en peignant encore des choses simples : des maisons, une route et une silhouette d'arbre, comme l'indique notre dessin, suffiront.

Tout est bon à peindre, pourvu que l'on observe, que l'on compare les valeurs et que l'on retienne ce que l'on ne peut exécuter devant la nature. Souvent une valeur juste n'est pas bien dans le ton quand on la regarde au jour ; avec la mémoire on ajoute ce qui lui manque. Il est bon aussi d'écrire comment on voit les tons, quelle est la sensation dominante que l'on éprouve ; toutes ces notes relues, aident le travail quand on fait un tableau avec ses études.

Effet de lune à contre-jour. — Avant de peindre la campagne où il n'y a que des terrains et des arbres, il faut se familiariser avec les effets ordinaires de la nuit, en peignant le village et ses maisons. Voici un effet de contre-jour très ordinaire, mais ce qui le complique et le rend intéressant, c'est qu'il vient de pleuvoir et que le terrain mouillé et les flaques d'eau reflètent le ciel.

L'effet des silhouettes découpant les maisons sur un ciel plus clair, est relativement facile à obtenir quand on a pris l'habitude de peindre et de comprendre l'ensemble d'un effet. La grimace d'un effet, comme on dit en terme d'atelier s'obtient rapidement, mais cela n'est pas suffisant ; il faut approfondir et voir plus loin. Le travail développe l'intelligence et les progrès ouvrent des horizons nouveaux. Le premier pas montre une piste à suivre qui devient un chemin, où malgré les obstacles, le travailleur acharné aboutit à un but. Si des difficultés insurmontables ont arrêté sa marche et qu'il n'ait pu les vaincre, ce qu'il aura découvert sera toujours honorable et facilitera les recherches de ceux qui reprendront sa route. Ces derniers plus heureux, plus doués peut-être, approcheront davantage du but de l'art qui est la perfection, en léguant aussi à d'autres, la tâche de réussir, d'aller plus loin, avec la conscience d'avoir travaillé de leur mieux et de leur avoir aplani la route.

Pour revenir à nos démonstrations sur l'effet de nuit à contre-jour, nous dirons qu'après s'être assuré de la proportion et de la composition des masses de la silhouette, on devra en ébauchant l'ensemble, peindre cette silhouette d'un ton et d'une valeur uniques, très foncées, de façon à ce que l'apprêt du panneau se trouve être la valeur du ciel.

Les terrains seront aussi ébauchés d'un ton à plat, gris et neutre, c'est-à-dire incolore. Ces deux tons et ces deux valeurs étant ébauchées et la préparation de la toile donnant une autre valeur un peu plus claire l'effet sera déjà vaguement obtenu et l'on pourra travailler avec plus de calme, en perfectionnant le ton et les valeurs sans hâte.

En effet, en ajoutant la note claire de la lune et le ton rougeâtre de la lumière qui éclaire l'intérieur d'une maison, *la grimace* de l'ensemble sera obtenue. La mise à l'effet d'une telle étude aura demandé quelques minutes seulement ; lorsqu'elle sera dans cet état, l'anxiété ayant fait place à l'espérance on cherchera tranquillement la forme et le ton des nuages qui entourent la lune. Le gros nuage noir qui s'apprête à voiler le foyer lumineux, n'est réellement foncé que par comparaison et il

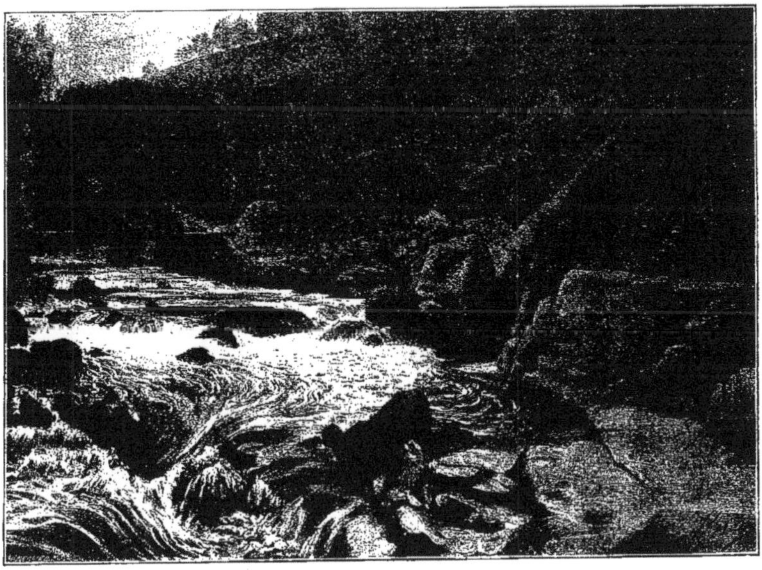

LES ROCHERS ET LES CASCADES

n'est pas indispensable d'être très rompu à ces sortes d'études pour voir qu'il est beaucoup moins foncé que les maisons.

L'ensemble du ciel sera aussi vite reconnu comme étant plus clair et plus coloré que tout. Les toitures auront besoin d'une note plus vigoureuse par place. La silhouette des arbres exigera une valeur à peine plus claire, mais d'un ton autre, tirant sur le vert. Enfin, avec quelques valeurs plus douces dans les parties de murailles éclairées, on

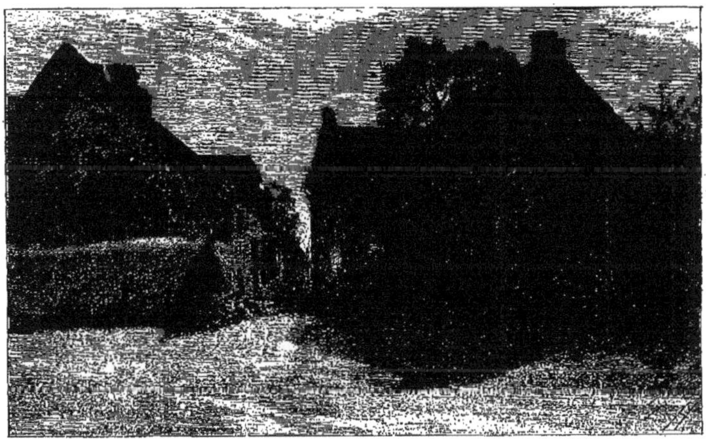

Effet de lune à contre-jour.

donnera l'aspect des maisons. Quant au terrain qui a été préparé d'un seul ton, en l'éclaircissant un peu sur les devants de l'étude, en y plaçant les reflets du ciel dans les flaques d'eau qui s'obscurcissent en s'enfonçant, on lui donnera son effet général, dont quelques parties plus foncées, quelques accents plus vigoureux dans les ombres des plis de terrain compléteront l'ensemble plus foncé que le ciel.

Effet de lune hors du cadre. — Le dessin suivant montre un effet où la lune hors du cadre, éclaire un paysage pris dans les plaines de Montigny-sur-Loing, en Seine-et-Marne. Les prairies inondées par une forte crue de la rivière qui a fait déborder les étangs, commencent à s'estomper dans un léger brouillard ; les silhouettes des arbres sont douces et noient leurs contours dans la lumière du ciel pur, où flotte un nuage unique de la forme spéciale au beau temps fixe.

L'étude d'après laquelle ce dessin a été fait fut une des plus pénibles à peindre, parmi celles dont nous nous occupons, parce que le froid était très vif en raison de l'heure. Il était minuit quand nous avons rangé notre boîte et quitté la place. Il n'est pas nécessaire de peindre à cette heure pour que l'effet soit beau, mais nous y avons été amené par une série d'études, qui, en nous retardant chaque soir, nous a obligé peu à peu à venir peindre aussi tard et nous ne l'avons pas regretté.

Les effets de nuit, où la lune invisible, plane au-dessus du paysage, ont un charme très grand, une douceur et un mystère que n'ont pas les autres effets. Celui qui nous occupe est particulièrement calme et poétique, en raison de l'enveloppe causée par la vapeur qui se dégage des terrains humides. Cet effet est fort intéressant à peindre, mais aussi il est particulièrement pénible et même dangereux si l'on a des tendances aux rhumatismes ou aux névralgies. Il est à remarquer d'ailleurs, que les effets les plus beaux sont toujours ceux qui sont les plus difficiles au point de vue matériel, de même aussi les endroits les plus pittoresques sont ceux où l'on a le plus de difficultés à s'installer. C'est ce qui nous fait redire encore que le paysage est le genre de peinture qui demande le plus de persévérance, de travail et de connaissances multiples, jointes à une excellente santé et à une très grande force physique.

Nous dirons peu de chose sur cet effet et sur la manière de le peindre. Ce qu'il importe avant tout de bien observer, c'est la justesse des valeurs ; les colorations se résument à quatre principales et à quelques accents, mais il n'en faut pas davantage pour faire un chef-d'œuvre, si l'on est un artiste, comme Millet ou Corot. Le ciel de cet effet, quoique d'une grande simplicité est cependant très difficile à peindre ; il est d'un ton gris bleu qui se dégrade pour finir dans un ton rougeâtre au-dessus des arbres ; le nuage allongé et rond est composé de trois tons principaux ; un ton local au milieu, d'une valeur plus foncée que la voûte céleste, un ton chaud et plus clair en dessous et une lumière d'un blanc vert au-dessus.

Les arbres du fond sont d'une valeur unique, chaude pour les dessous, froide pour les dessus, les arbres qui, se détachent sur ce fond sont très simples, mais plus foncés, ainsi que les parties d'ombres des roseaux et du terrain où se découpe vaguement par ci, par là, une feuille un peu plus claire d'un vert gris. La buée qui se dégage du sol est plus foncée que le ciel et d'un ton gris chaud plus clair que le terrain. L'eau est gris ardoise, plus foncée que le ciel, et le vent fait miroiter au pied des roseaux et des terrains, des petits accents très brillants plus clairs que le nuage, qui sont aussi d'un ton blanc tirant sur le vert. C'est tout ce que nous avons cru utile de dire sur cet effet; les études et les remarques personnelles ajouteront ce qu'on désirerait lire ici.

Effet de nuit; la lune dans la toile. — Tout ce qui a été dit précédemment sur la manière de dessiner et de peindre les études nocturnes se rapporte à l'effet qui nous occupe présentement. Il n'y a que la lune et le ciel sans nuage qui n'aient pas été l'objet de nos démonstrations, nous nous bornerons donc à ces explications pour ne pas nous répéter. Les effets qui paraissent les plus simples sont cependant plus compliqués qu'on ne l'avait pensé et on s'aperçoit vite, dès que l'on observe un effet de lune sans nuages, qu'il n'est jamais deux fois semblable. Sans parler

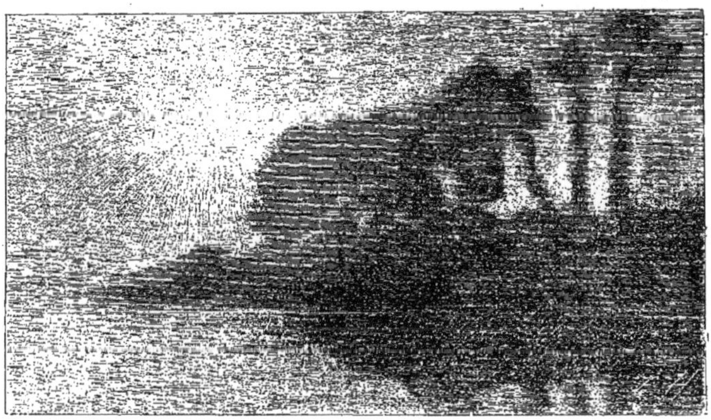

La lune dans la toile.

de la lune elle-même, qui change de forme, de ton et de place, l'atmosphère étant humide ou sèche change aussi l'effet général où la lune est découpée plus ou moins sèchement. La brume est plus agréable pour le peintre parce qu'elle se prête à l'enveloppe qui harmonise tout, aussi le moindre halo est-il toujours préférable au ciel le plus pur, pour peindre un effet de nuit intéressant.

Sans parler absolument de l'effet de brouillard, comme celui que représente notre dessin et qui ferait d'ailleurs un tableau peu ordinaire, il y a l'effet un peu brumeux où la lune semble darder des rayons lumineux qui aident à la peindre de manière à ce qu'elle semble loin des premiers plans. Enfin la lune sèche, brillante, sur un ciel bleu souvent extrêmement violent est horriblement difficile à peindre, parce que l'enveloppe est imperceptible et qu'il faut une grande science de la peinture pour obtenir que la lune semble s'enfoncer dans le ciel. Voici comment on procédera si l'on veut peindre cet effet. La lune sera d'abord peinte d'un seul ton, qui sera jaune vert, ou rouge, selon la hauteur de la lune dans le ciel et selon l'heure à laquelle on peindra. On sait, en effet, qu'elle se lève souvent rouge à l'heure du coucher du soleil ; qu'elle devient jaune ensuite s'éloignant de l'horizon et qu'elle devient très blanche, d'un ton froid et vert jaune, quand elle est haute dans le ciel.

Quelle que soit la pureté de l'atmosphère, il y a toujours des brumes

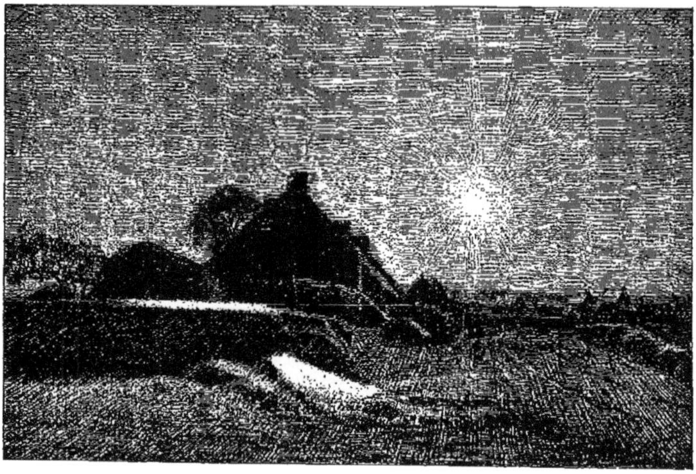

Le sens des touches à observer, pour obtenir de la lumière.

au-dessus de la terre : c'est pour cela que la lune au crépuscule est toujours entourée, plus ou moins, d'une auréole d'un ton violet qui varie selon la couleur jaune de l'astre. Dans l'effet, où la nuit est complète et la lune très blanche se découpant, comme on dit vulgairement en pain à cacheter, il faut, avons-nous dit, faire un ton claire un peu moins blanc que le blanc de la palette. Nous ne dirons pas comment on doit le composer, parce qu'il est variable à l'infini, du blanc jaune au blanc vert. Ce ton sera peint très mince, c'est-à-dire avec peu de couleur ; ensuite on placera autour les tons bleus du ciel qui seront posés par touches rayonnantes comme le montre le dessin ci-contre et l'on ajoutera des tons d'un bleu complémentaire selon la couleur de la lune. Si elle est blanche et verte, on fera des complémentaires rouges, jaunes et violets, mais imperceptibles afin qu'ils harmonisent la lumière verte et le bleu du ciel. On observera aussi une gradation qui augmentera à mesure que le bleu s'éloignera du foyer lumineux, afin que le ciel semble profond. Ce qui aide à obtenir cet effet tient à trois causes inséparables : le rayonnement des touches et l'abondance de leur nombre joint à l'observation des tons complémentaires. Quand tout sera peint ainsi, on refera le ton de la lune qui sera posé avec un fort empâtement dans le milieu en ayant soin qu'il ne reste pas une épaisseur visible et en se gardant de mettre cette touche trop près du bleu pour ne pas faire un contour sec qui empêcherait toute illusion.

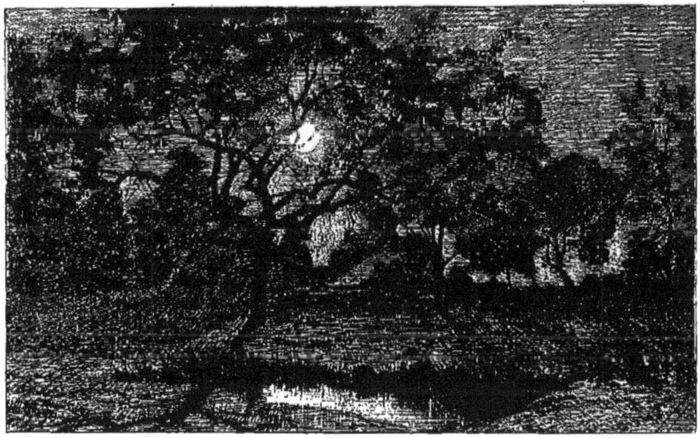

La lune vue au travers des branches d'arbres.

Dans les ciels sans nuages, le rayonnement de la touche est indispensable à l'illusion ; il peut être aussi employé quand on peint le paysage, mais il faut le faire discrètement pour ne pas rendre la facture désagréable par sa monotonie. Ce procédé de rayonnement fait surtout bien dans un dessin, il concourt avec le ciel à l'enfoncement et à l'éclat de la lumière de la lune, ainsi que le montre le dessin du chapitre suivant.

La lune vue au travers des branches d'arbres. — L'enveloppe est le plus grand auxiliaire qui aide à exalter un ton pour le rendre lumineux ; il ne faut pas croire que c'est l'opposition du noir intense placé à côté du blanc pur qui le fait paraître lumineux, c'est même tout le contraire, ainsi que le prouve notre dessin. Tous les noirs des arbres, que ce soient branches ou feuillages, s'estompent, s'effacent, disparaissent, mangés par la grande lumière qui noie tous les contours.

Il suffirait, pour s'en rendre compte, si l'on conservait le moindre doute, de faire une copie de ce dessin et de redessiner ensuite les branches noires qui coupent la lumière de la lune, pour s'apercevoir de la justesse de ce que nous avançons. Dès qu'il y aura des noirs durs, précis, sans enveloppe, placés immédiatement à côté du grand clair, il n'y aura plus de lumière.

On peut se rendre compte de cette théorie par les deux petits dessins que nous donnons à l'appui de ce qui vient d'être dit. Le premier montre

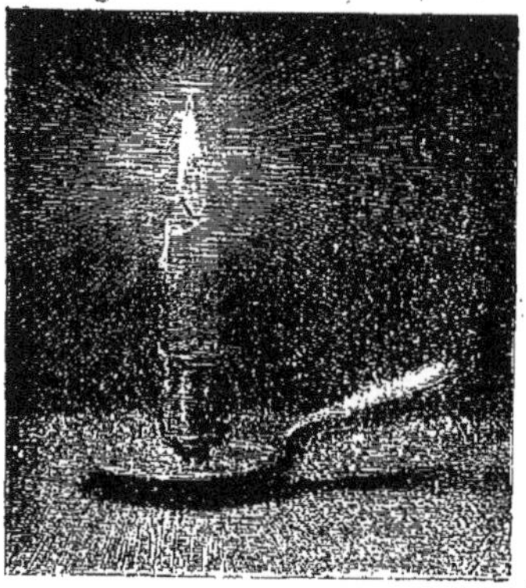

Le rayonnement tel qu'il doit être observé.

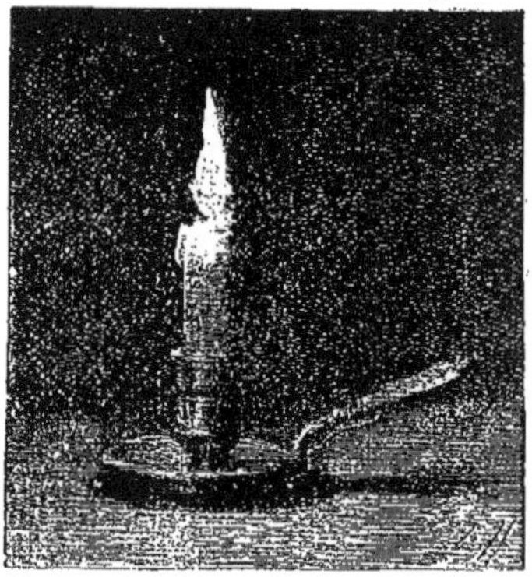

Ce que l'on obtient en n'observant pas le rayonnement.

une bougie allumée dont la flamme est entourée du rayonnement ; dans le second, le rayonnement n'a pas été observé : il sera facile de voir dans lequel des deux, la flamme semble plus lumineuse.

Il est évident que le rayonnement doit être discret ; s'il était trop apparent, tout en restant lumineux, il donnerait l'idée du brouillard ou de la buée qui règne dans une salle de bains. Enfin nous insisterons pour que les tons complémentaires soient très observés, parce qu'ils donneront beaucoup d'intensité, d'éclat et d'harmonie à l'ensemble.

La nuit, ciel nuageux, lune voilée. — Les ciels nuageux, offrent, la nuit principalement, des sujets innombrables d'études et de tableaux aux peintres qui les observent souvent. La forme générale, le détail de chaque nuage et les étonnantes colorations que l'on y étudie, ont un attrait qui se renouvelle sans cesse et donne de plus en plus le désir du travail. Parmi les effets lumineux, il s'en présente deux que l'on voit se renouveler souvent ; c'est d'abord celui où la lune est cachée dans un nuage noir et celui où elle est voilée par un nuage clair qui, en la faisant disparaître entièrement, donne à ce nuage seul une intensité de lumière unique qui va en diminuant de force et en se réchauffant de ton à mesure qu'elle s'éloigne du foyer lumineux.

La planche ci-contre montre un effet semblable. Pour le peindre, l'élève qui n'est pas encore familiarisé avec ce genre d'études, pourra d'abord en faire une copie avant d'essayer d'en exécuter un semblable

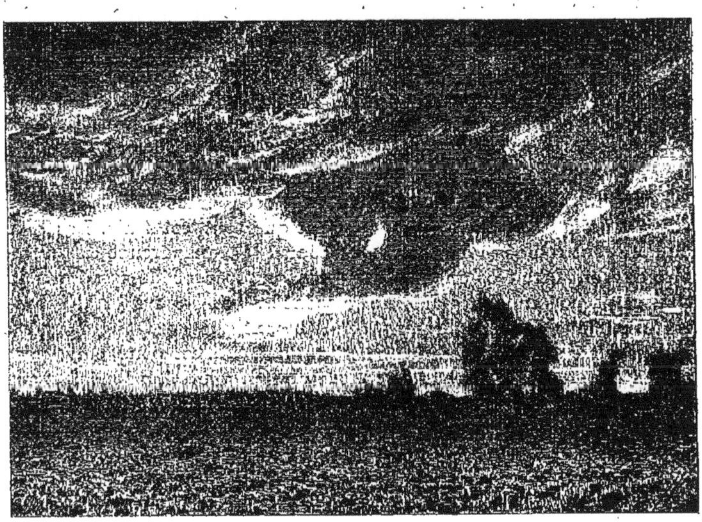

La lune dans un nuage noir.

devant la nature. Voyons comment il devra procéder. La toile ou le panneau apprêté foncé est préférable ; nous avons dit aussi comment cet apprêt devait être fait. Toutefois, pour faire cette copie sur laquelle on peut revenir à plusieurs reprises, une toile blanche pourra faire le même office. Dans ce cas, il sera bon de faire préalablement un dessin au fusain et de le fixer avant de peindre, ou bien encore, ce dessin pourra être lavé à l'encre de Chine comme s'il devait rester ainsi. Cette dernière préparation aidera beaucoup le peintre en facilitant les recherches de tons dont elle lui préparera la mise en place.

Lorsque ce dessin aura été fait, on pourra passer un frottis d'huile de lin sur toute la toile afin d'enlever la sécheresse de l'encre qui empêche la brosse de glisser sur la toile ; mais il faudra avoir soin d'essuyer ensuite pour que l'huile reste peu sur la toile, son rôle consistant seulement à enlever l'embu.

C'est par le ton bleu très foncé qui entoure le nuage le plus clair que l'on devra commencer à peindre; ce bleu est composé de tons bleus chauds et bleus froids où le violet foncé et le vert émeraude se mêlent au bleu d'outre-mer et au noir d'ivoire. Il faut éviter d'employer le bleu de Prusse et ne le conserver que comme suprême ressource s'il est indispensable pour parfaire le ton. Le vert émeraude sera employé avec succès pour obtenir les tons blancs du nuage clair, la terre de Sienne brûlée et la mine orange ajoutés au blanc de zinc donneront le ton rouge et lumineux qui est un rudiment de halo informe, tel qu'il en existe toujours dans les ciels nuageux. On aura soin, en continuant l'étude, de peindre tout d'abord les nuages clairs et chauds de ton qui forment la seconde couche, devant laquelle passent les nuages transparents et foncés ; ces derniers se peindront après que toutes les parties claires et les tons bleus du ciel auront été exécutés ; ils devront être peints dans la pâte, c'est-à-dire pendant que tout est frais. Les glacis que l'on peut remettre ensuite pour aider à la transparence des nuages noirs devront être très circonspects pour que le procédé reste invisible et aussi parce que les glacis noircissent avec le temps et abîment la peinture. Nous avons expliqué précédemment que le rayonnement s'assombrissait en s'éloignant du foyer lumineux ; c'est pour cette raison que les nuages du bas, placés très loin de la lumière, ne sont plus aussi lumineux ; mais en général ils sont toujours d'un ton plus chaud et plus foncé, en se rapprochant de l'horizon. Nous ne parlerons pas du paysage placé sous le ciel, afin de ne pas répéter ce que l'on a lu déjà.

L'effet où la lune est cachée par un nuage noir, comme le montre le dessin, ressemble fort à ce qui a été dit ci-dessus, mais avec la différence que la forme de la lune reste visible et qu'elle est plus brillante et plus claire que les lumières des nuages. L'auréole qui éclaire le bord des nuages est généralement d'un ton blanc-vert, mais elle devient rouge dans la sphère où se devine le halo ; elle se refroidit ensuite dans la zone qui reçoit encore beaucoup de lumière, puis, en se rembrunissant, les nuages se réchauffent pour se fondre dans la brume des fonds.

Le halo de la lune. — La lune est presque toujours entourée d'un halo plus ou moins grand qui souvent n'est pas visible, quand on n'a pas l'habitude d'observer les ciels de nuit. Cet effet qui est très beau dans certaines manifestations est un de ceux qui sont si difficiles à exécuter qu'ils semblent interdits aux peintres. En effet, quand on veut essayer de le tenter, on y renonce vite généralement en voyant le résultat malheureux qu'il produit. Le rond nécessaire qui entoure la lune imite tellement une cocarde comme on en a porté aux chapeaux, ou,

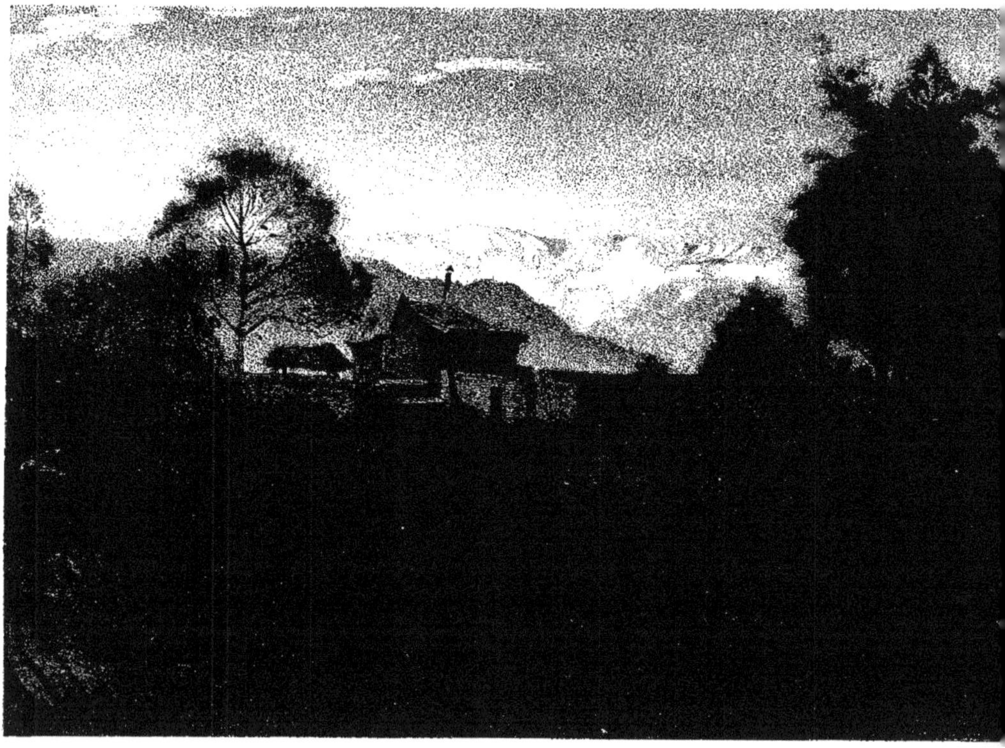

donne si bien l'aspect fâcheux d'une cible de tir, malgré les brisures des nuages, que l'on finit par l'enlever pour ne pas perdre un tableau, qui presque toujours est assez intéressant par lui-même pour se passer de ce terrible halo, l'écueil insurmontable.

Nous venons néanmoins recommander aux élèves de ne pas hésiter à tenter de peindre le halo ; les études qu'ils en feront leur montreront des colorations intéressantes à tous égards, et la forme même du halo

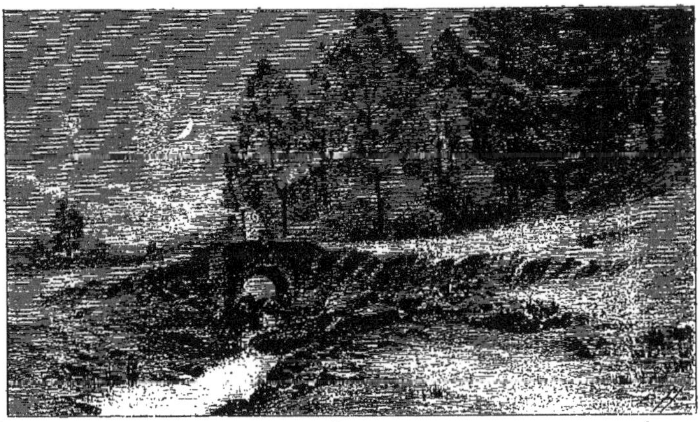

Le halo de la lune.

leur expliquera ce qui motive ces colorations, quand le halo n'est pas très visible. Cela est indispensable à savoir pour placer judicieusement certaines colorations rousses observées dans les nuages.

Il faudrait un volume spécial pour dire tout ce que les effets de nuit suggèrent d'observations et décrire tous les tableaux que l'on pourrait faire, encore n'y parviendrait-on pas. Nous sommes obligés de borner ici nos conseils à ce sujet, mais nous aurons encore l'occasion d'en reparler en traitant les marines, les animaux et les figures dont nous nous occuperons dans les parties suivantes de cet ouvrage.

Les tableaux qui montrent des paysages de nuit ne peuvent se peindre d'après nature, comme bien on pense ; ce n'est qu'avec des études, des pochades d'effets, beaucoup d'observations écrites et des dessins très étudiés, que l'on peut parvenir à les réussir. Cela ne veut pas dire que ce soit un genre plus difficile que d'autres et si l'on possède les aptitudes nécessaires, on y réussira aussi facilement. On en fera l'essai en suivant d'abord nos renseignements et plus tard, le succès ayant donné l'envie de faire mieux, on trouvera soi-même des procédés meilleurs selon son tempérament et selon l'idéal poursuivi. Toutefois, nous sommes persuadés que ces conseils étant suivis d'abord, ne seront pas nuisibles plus tard si on cesse de s'y conformer pour employer d'autres procédés.

Les montagnes. — Les paysages alpestres ont une puissance décorative très imposante qui se prête admirablement aux peintures théâtrales ou panoramiques ; elles offrent aussi à l'illustrateur, quand il sait les interpréter, de très grandes ressources d'effet. C'est ce que Gustave Doré avait si bien compris quand il peignait des lacs en Écosse, ou quand il illustrait les livres et les journaux avec des sites pris dans les Pyrénées, en Aragon et dans toute l'Espagne. Gustave Doré a été méconnu en France, plus tard, ses paysages seront excessivement recherchés, car il a peint la nature grandiose des lacs et des montagnes, avec une maîtrise qu'on ne soupçonne pas chez nous, où les cimes admirables sont presque demeurées inconnues des peintres, jusqu'à présent. Il n'y a guère que Gustave Doré et Calame, le peintre Suisse, qui aient réellement peint des tableaux de montagnes d'un grand intérêt. Les rares peintres qui se sont occupés de la montagne n'en ont fait que des études. Quelques artistes de talent, comme l'abbé Guétal, qui était professeur de dessin à Grenoble et qui peignait la montagne presque uniquement, ont fait des tableaux agréables et surtout de fort belles études. Le lac de l'Eychauda peint par Guétal et médaillé à Paris au Salon d'abord et à l'Exposition universelle de 1889 ensuite, est un tableau trop connu pour que nous en fassions la description. Tous ceux qui ont visité Grenoble et son beau musée en ont gardé un souvenir inoubliable.

Des peintres de talent ont peint aussi des études remarquables, tels que Montenard, Schrader, Baud-Bovy, Burnand, Normann, Auburtin, etc. ; mais personne, depuis Doré et Calame, n'a compris et peint le côté dramatique de la montagne. Des peintres consciencieux ont fait de belles études de montagne, mais aucun artiste n'a montré des tableaux. C'est que ce genre est le plus difficile de tous, quand on le réduit aux petites proportions des tableaux, et à ces difficultés de métier, il faut ajouter celles de ne pouvoir peindre à des altitudes de 2 à 3 000 mètres, sans être doué d'une santé robuste. Il faut aussi se résigner, à d'énormes fatigues causées par la marche, à une nourriture défectueuse et aux mille inconvénients d'un séjour où l'on ne trouve que des abris rustiques pour éviter de mourir de froid la nuit.

Dans de telles conditions, on comprendra que les artistes se découragent après quelques essais et surtout devant le dédain du public qui ne peut comprendre des tableaux lui montrant des pays qu'il n'a jamais vus, ou qu'il n'a traversés que par un beau temps, alors que ce sont les effets de mauvais temps qui sont les plus beaux. Voilà pourquoi on ne fera jamais que peu de peinture et rarement des tableaux de montagnes. Cependant, si l'on était tenté d'en faire l'expérience, voici ce que nous recommanderions : allez à Grenoble, prenez le train du Bourg-d'Oisans, à six kilomètres de là, sur la route de la Bérarde, vous trouverez un village qui se nomme *La Danchère*. Un aimable aubergiste vous conduira de là, à pied, à deux heures de marche, il vous installera dans une grange où il serre du foin ; vous coucherez là. Il vous sera facile de vous garantir du froid des nuits en bouchant tous les trous de la toi-

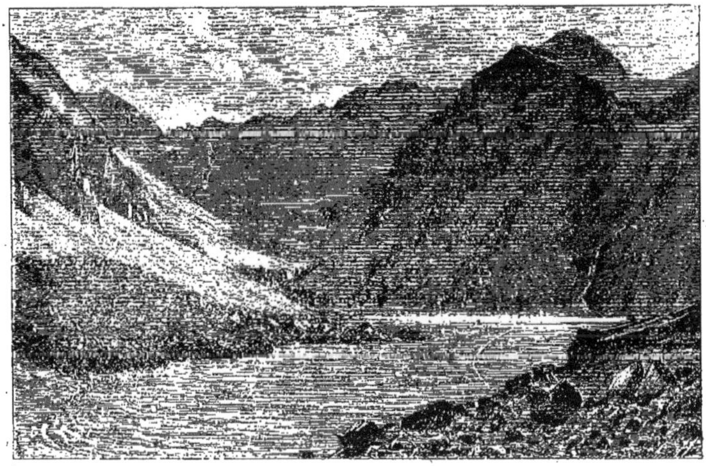

Un lac de montagne.

ture avec des tampons de foin. Vous mangerez beaucoup de pommes de terre et de soupe, très rarement de la viande. Vous serez mal nourri et mal couché ; comme la grange est bâtie au milieu des rochers et que vous ne pourrez sortir la nuit sans vous tuer, vous vous coucherez comme les poules, car si vous allumiez une bougie vous pourriez mettre le feu au foin.

Malgré le peu d'agrément d'un séjour semblable, il y a la compensation d'un site superbe, car il s'agit du lac Lovitel, que donne notre dessin.

Ce lac est d'une superbe couleur vert émeraude; les montagnes qui l'entourent sont très belles ; on n'est jamais dérangé par les visiteurs, et si, après y avoir passé six semaines pendant lesquelles il pourra pleuvoir constamment, comme cela nous est arrivé, vous persistez à peindre la montagne, c'est que vous avez réellement la vocation.

La manière de peindre la montagne n'a rien qui diffère des procédés employés pour les autres paysages. Si le temps est beau on procède pour un tel paysage ainsi que nous l'avons expliqué pour tous les autres. Cependant le dessin placé plus haut montre un effet où le soleil reluit sur l'eau agitée par le vent et il pourrait être utile de dire comment on doit peindre cette eau ; voici en quoi consisteront nos conseils. La couleur de l'eau est verte et elle devient plus foncée en se rapprochant du premier plan ; les lumières brillantes que le soleil accroche aux petites vagues sont très jaunes dans le fond ; elles se décolorent et deviennent de plus en plus claires sur le devant du tableau. Les grands brillants ne sont cependant pas du blanc pur, il y entre du jaune indien et de la mine orange. Pour obtenir cet effet, on devra peindre les premiers brillants, après avoir peint ceux du fond qui sont plus foncés, plus resserrés, plus fins de dessin, c'est-à-dire par lignes plus étroites. Les premiers brillants pourront être mis avec l'aide du couteau-truelle pour qu'ils fassent épaisseur ; les autres seront peints de plus en plus minces à mesure qu'ils s'éloigneront. Il est à remarquer que la neige des fonds est moins claire, même dans les parties où elle est au soleil, que les brillants de l'eau au premier plan, ce qui facilitera l'éloignement des fonds qu'il est plus difficile d'obtenir en montagne que partout ailleurs, à cause de la pureté de l'air montrant tous les détails des plans les plus reculés. On se rappelle ce qui a été dit sur la manière de peindre les rochers, nous n'y reviendrons que pour dire encore ceci : les lumières, qui dessinent les arêtes des rochers, doivent être très colorées et les couleurs qui les composent, le blanc principalement, doivent être très liquides pour que le pinceau à filets puisse les prendre sur la palette et les déposer facilement sur la toile sans être une gêne pour le dessin. Nous avons dit ailleurs que les couleurs sont rendues plus malléables en y ajoutant quelques gouttes d'huile et en les remuant avec le couteau à palette. Si l'on emploie le blanc de zinc qui noircit moins que le blanc d'argent, on devra ajouter un peu de siccatif dans l'huile car le blanc de zinc sèche lentement.

Nos conseils pourraient se borner à ce que l'on vient de lire, cependant il est peut-être encore utile de dire comment on peint le mauvais temps si fréquent dans ces régions. Par la pluie ou les brouillards on ne peut faire que des pochades toutes petites, où l'effet est la principale chose à noter. Le dessin ne peut pas être bien établi pour différentes causes, le manque de temps, l'installation défectueuse, etc., on ne dessine pas. Ces petites études faites rapidement sont cependant très utiles et il faut en peindre souvent ; pour les faire meilleures, il est indispensable de peindre sur des petits panneaux de un, et de se servir à cet effet, d'une petite boîte à pouce. Il se peut aussi que le temps qui suit la pluie soit gris uni, sans effet. Dans ces conditions, il vaut mieux dessiner que peindre et quand un effet intéressant se produit, on est tout préparé pour le saisir. Les temps brumeux où les nuages flottent sur le bas de la montagne en n'en laissant voir que des fragments, sont très fréquents et font de jolis motifs de tableaux, à la condition que la montagne que l'on entrevoit soit bien construite.

Le dessin que nous montrons ici a été fait d'après une étude peinte où nous avions ébauché tout le motif par un effet gris sans intérêt, mais il s'est trouvé un jour où les nuages bas, ont donné un grand caractère à ce paysage et il nous a été facile de les peindre ayant un tel dessous ; c'est ce que nous croyons utile de dire. Pour peindre les nuages à sec sur un dessous semblable, il suffit de passer un peu d'huile de lin sur le tout avant de peindre et d'essuyer ensuite pour qu'il ne reste presque plus d'huile ; la manière de peindre les nuages a été décrite, nous y renverrons le lecteur s'il a oublié les procédés.

Le procédé pour peindre les hauts sommets et les glaciers n'a rien de particulier ; on ne peut d'ailleurs faire que de petites études peintes en une seule séance, et encore est-on dans des conditions d'installation très peu favorables, puisque l'on n'a pour travailler que des outils rudimentaires qui se bornent à une petite boîte à pouce. Nous avons fait des études plus grandes, il est vrai, mais nous avions été obligé de payer un porteur spécial pour le matériel, ce qui est fort coûteux quand on va très haut, puisqu'il faut encore un guide et un autre porteur pour tout ce qui est indispensable aux courses de montagne. On comprendra facilement que malgré tout le confort d'un porteur spécial on est encore assez fatigué quand on a monté 8 ou 10 heures, pour que l'étude que l'on est venue faire manque souvent d'agrément. Comme cette grande nature est difficile à étudier, on fera bien d'y renoncer jusqu'à l'époque où l'on aura fait beaucoup d'autres études.

L'Art de faire un tableau. — Avant de terminer nos conseils sur la manière de faire des études de paysage, nous dirons aux jeunes peintres comment on procède pour faire un tableau avec une étude. Ce que nous avons à dire, ne porte que sur les conseils matériels, car le tableau doit être le résultat et la traduction de sensations qui n'auraient aucun intérêt si elles n'étaient pas personnelles.

On sait que l'étude ou le dessin d'un motif choisi pour devenir un tableau, dans des proportions plus vastes, s'agrandit par la mise au carreau, ou par la projection photographique. La mise au carreau a été expliquée dans la seconde partie de cet ouvrage au chapitre : « Manière de grandir une esquisse pour en faire un tableau. » La manière de grandir une étude par projection photographique a été expliquée dans la troisième partie : « Conseils pour peindre un tableau de fleurs. » Il n'en sera donc plus parlé ici. Ce que nous avons à dire, porte sur la manière de préparer les dessous et d'ébaucher de façons diverses qui ont chacune leurs avantages particuliers utiles à connaître et à employer. L'essai montrera ce que l'on doit en retenir.

L'ébauche en grisaille est une ancienne manière qui est très bonne et que peu de jeunes peintres emploient, parce qu'ils ne la connaissent pas ; voici comment on la pratique : le dessin étant achevé quel qu'en soit le procédé, fusain fixé ou encre de Chine, on commencera par faire trois tons dégradés, au moyen d'un mélange de blanc, d'ocre rouge, d'ocre jaune et de noir d'ivoire. La palette étant chargée de ces trois tons formant un ton géométral, un clair et une ombre, on pourra lui ajouter du noir, du rouge et de l'ocre jaune pour le cas où l'on voudrait mettre une vigueur dans les ombres, ce que l'on nomme un repiqué. Avec cette palette, on ébauchera tout le tableau en ne s'occupant que des valeurs et en peignant avec des empâtements aux endroits lumineux des terrains, des maisons, des rochers, etc... partout où la facture devra être solide. Quand cette ébauche sera terminée, on obtiendra un paysage d'un effet intéressant si les valeurs ont été bien observées et cela permettra de se rendre compte si tout est bien proportionné et bien dessiné. Cette ébauche peut se faire par le même procédé mais d'un ton différent ; les uns préfèrent une véritable grisaille où ils n'emploient que le blanc, le noir, et un peu de terre d'ombre, d'autres préfèrent un ton violet ; tout cela est affaire de goût. En général, le ton rouge comme celui du dessin ci-contre, est celui que l'on préfère, parce qu'il prépare des dessous chauds dont la peinture profitera ensuite.

Quand cette ébauche est sèche, comme la toile est bien préparée, bien nourrie aux endroits voulus, on peut exécuter du premier coup en copiant les tons de l'étude. L'avantage d'une ébauche en grisaille ou en camaïeu est de faciliter la recherche du dessin, de la composition et des valeurs, sans fatiguer le ton par des retouches trop nombreuses. En procédant comme il vient d'être dit, on obtient une peinture fraîche, libre et facile, qui semble avoir été faite en se jouant des difficultés, parce qu'elles ont été étudiées en dessous ; le ton est plus franc et plus frais, parce qu'il n'a pas été retouché.

D'une manière générale, il n'est pas bon d'ébaucher un tableau dans le ton définitif si l'on ne peut le terminer du premier coup, parce que lorsque l'on retouche une partie pour la finir, si le ton que l'on remet est semblable à celui de l'ébauche, il se *bouche*. Un ton *bouché* est toujours vilain, sans air, sans vibration comme celui qu'un peintre en bâtiment obtient en peignant une porte ou un banc. Il faut éviter cela en ébauchant avec des valeurs d'un ton qui ne soit pas celui que l'on posera pour terminer. En voici un exemple :

Lorsque l'on veut peindre un ciel bleu sans nuages il ne faut pas l'ébaucher en bleu. Ce qui lui convient particulièrement, c'est une ébauche en rose faite avec des tons de différentes valeurs, composés d'ocre rouge et de blanc. On laisse sécher quelques jours et l'on peint ensuite les tons bleus du ciel qui deviennent alors profonds, transparents et aérés. C'est la meilleure manière de faire un ciel bleu.

Beaucoup de peintres se contentent d'empâter du blanc d'argent sur la toile que leur a livrée le marchand de couleurs ; ils dessinent au fusain, le fixent et peignent du premier coup ensuite. Le moyen n'est pas mauvais, mais il ne vaut pas le précédent, attendu que les empâtements du dessous se trouvent souvent à contresens, et que cela fait mal. D'autres artistes procèdent ainsi : ils appliquent sur la toile un papier calque sur lequel le dessin a été fait, ce dessin cloué par le haut seulement, pend verticalement devant la toile. Ils décalquent le dessin au moyen du papier gras et bleu ; puis ils relèvent le calque par-dessus la toile en le rejetant en arrière, et ils empâtent seulement les parties qu'ils auront besoin de peindre solidement. Quand ces empâtements sont secs, ils rabattent le papier calque et redécalquent tout le dessin qu'ils peignent ensuite. Ce moyen est bon aussi, mais il est encore préférable d'ébaucher en camaïeu rouge, parce que cela force à peindre chaque chose dans le sens où l'on devra l'exécuter définitivement.

On peut composer un tableau de paysage de différentes façons, voici quelques remarques utiles à connaître quand on veut essayer de composer un tableau.

La manière de composer un tableau n'a pas de lois absolues ; chacun peut entendre *la coupe d'un motif* comme bon lui semble et l'on peut comme dans le croquis n° 1, placé ci-contre, prendre l'horizon très bas dans la toile, si on le juge nécessaire. Daubigny qui a peint beaucoup d'études en bateau sur la Seine et sur l'Oise, affectionnait les horizons bas, parce qu'il les voyait ainsi en vivant constamment sur l'eau. Les peintres flamands ont aussi, pour une raison analogue, peint des tableaux aux horizons bas, comme le montre le croquis n° 2.

Cela tient à ce que dans les pays plats, le ciel semble immense et que pour bien donner le caractère de leur pays, les Flamands avaient adopté le format presque carré, afin de mettre beaucoup plus de ciel que de terrain dans leurs paysages. En général, l'école moderne avait adopté comme une loi du bon goût, de placer la hauteur de l'horizon au tiers de la hauteur du tableau, en prenant ce tiers par le bas pour les plaines et les bords de rivières, vus d'une façon normale. Il est aussi depuis longtemps adopté comme règle, de placer la ligne d'horizon au tiers de la hauteur du tableau, mais en prenant ce tiers par le haut, comme dans le croquis n° 3, pour les paysages et les vues panoramiques.

L'école actuelle a cherché du nouveau en tout et l'on a peint des tableaux où la ligne d'horizon est placée si haut qu'il n'y a plus de place pour le ciel. Cela a donné des effets inattendus et quelquefois très intéressants. Les artistes Américains ont montré en ce genre, des toiles très réussies où comme le montre le croquis n° 4 l'eau reflète un paysage hors cadre qui n'est pas sans charme, mais que nos yeux, peut-être, trop routiniers, n'admettent pas facilement. Ils nous donnent l'envie de retourner la toile qui montrerait ainsi une coupe de tableau à laquelle nous sommes plus habitués.

Il n'y a donc pas de règles absolues pour déterminer la hauteur de l'horizon dans un tableau de paysage ; le bon goût seul est nécessaire. Ainsi, par exemple, si l'on plaçait la ligne d'horizon au milieu juste de

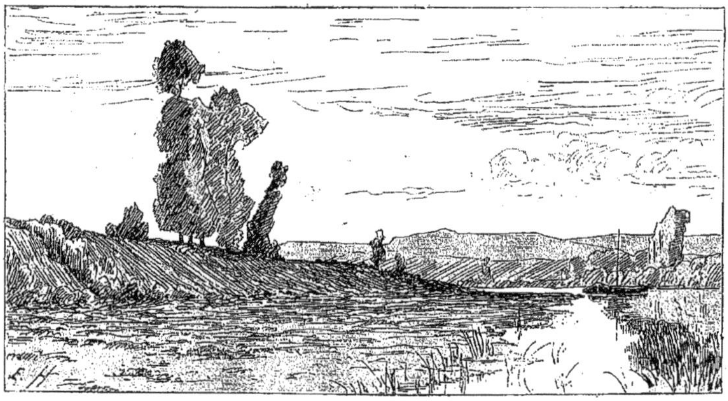

Horizon placé très bas, croquis n° 1.

la hauteur d'un tableau, il est certain que ce serait une faute de goût impardonnable, à part cette exception, on pourra faire et agir selon ses préférences ; pourvu que ce soit bien, tout est admissible.

Ce qu'il est surtout important de méditer très longuement et très souvent, c'est qu'un tableau n'est pas une étude.

L'étude n'est que le document, la notation d'un effet d'ensemble, d'un ton, d'une valeur. Quelquefois, c'est comme un modèle d'exécution qui sert à rappeler la forme précise des choses quand on n'a plus la nature devant soi et que l'on fait un tableau dans l'atelier. En un mot, l'étude, c'est le dictionnaire qui renseigne sur ce que la mémoire oublie.

Le tableau, au contraire, c'est l'expression de la pensée, c'est l'âme de l'artiste.

Le tableau n'a pas besoin d'être vrai comme le document ; il suffit qu'il soit vraisemblable et qu'il exprime un sentiment. Son but est de

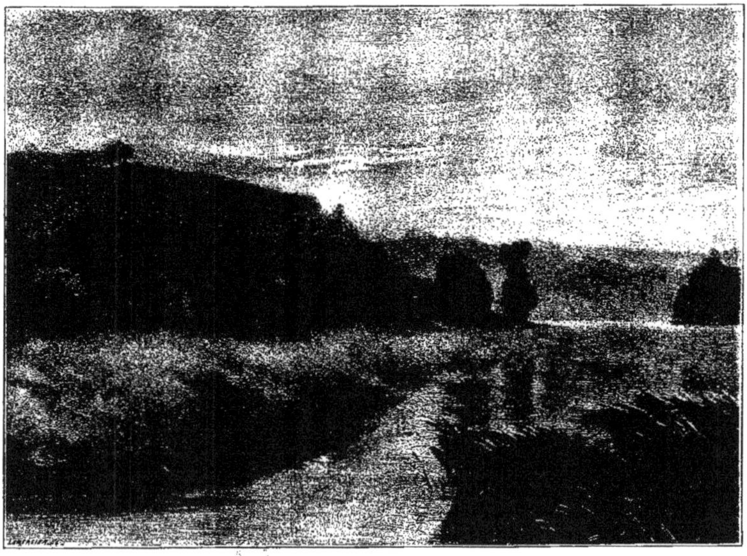

BORDS DE RIVIÈRE AU SOLEIL LEVANT

faire oublier au spectateur qu'il regarde une peinture, afin de lui suggérer des pensées et de lui faire éprouver des sensations.

Un tableau qui entraîne la pensée hors du lieu où on le regarde, qui fait naître des sentiments de gaieté, de tristesse ou de mélancolie, selon ce qu'il représente, ce tableau est une œuvre d'art.

C'est pour ces raisons qu'il faut être un artiste pour faire un tableau

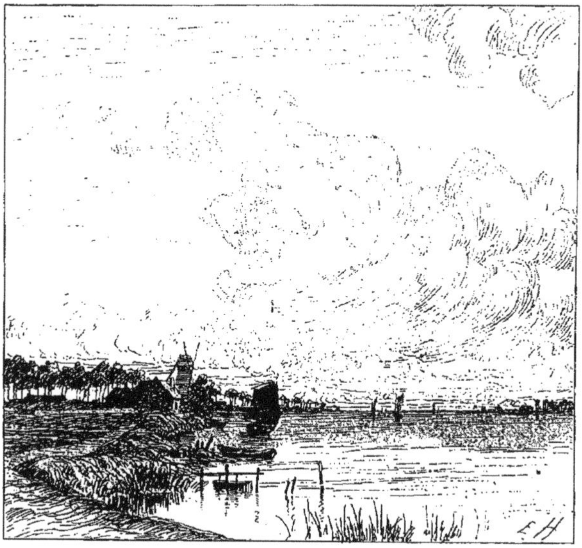

Horizon bas, croquis n° 2.

tandis qu'il suffit d'être un peintre pour faire une étude où l'œil, la main et le goût sont les seuls guides, et pour laquelle le cerveau n'est pas indispensable. Aussi voit-on plus de bonnes études que de bons tableaux.

Il est très rare que l'on soit un coloriste et un dessinateur ; on est l'un ou l'autre, et comme l'a dit Charles Blanc dans son *Histoire des Peintres* : « Elle est bien difficile cette fusion des deux éléments contraires, hostiles même, le dessin et la couleur ; à mesure que le dessinateur précise les plans et poursuit les formes du modelé, par le fait même de sa recherche et de son travail, sa couleur se gâte et se ternit. Pour briller à son aise, il faut au coloriste une certaine liberté de contours, un certain droit à la négligence des formes et au sacrifice du vrai. » Le même auteur dit encore : « La peinture doit être avant tout pittoresque ;

elle doit parler une langue claire, précise, accessible à tous ; un tableau qui demande une explication écrite, n'est pas un tableau, mais un livre. »

Nous ne voulons pas terminer cette partie sans dire quelques mots sur le paysage historique qui semble revenir en faveur auprès des artistes ; nous donnerons également quelques conseils et quelques appré-

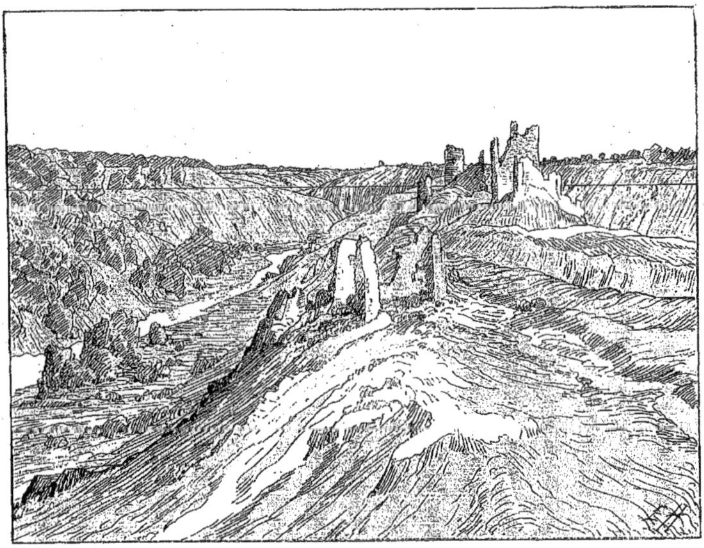

Horizon placé très haut, croquis n° 3.

ciations sur les panneaux de paysage décoratif. On y verra aussi avec intérêt ce que pensent et ce que recommandent aux jeunes peintres deux artistes d'un très grand talent, MM. Harpignies et A. Demont qui ont eu l'obligeance de nous écrire tous deux, des lettres fort intéressantes.

Le paysage historique. — Que le lecteur se rassure, nous ne voulons pas lui parler des paysages de Nicolas Poussin et de Michallon, ni lui conseiller de remettre à la mode ces paysages anciens qui ont eu leur temps. Mais il n'en est pas moins intéressant de constater que l'idée d'un tableau peut venir en regardant un paysage, que certaines solitudes peuvent évoquer dans l'imagination d'un artiste, des souvenirs de choses entrevues dans le rêve, ou conçues à la lecture de la Bible, cette éternelle source qui inspirera les artistes futurs, comme elle en a tant inspiré déjà. Sans aller jusqu'à vouloir représenter des scènes bibliques, n'est-ce pas déjà prendre la route du paysage historique, que de s'arrêter devant une maison isolée dont les ruines nous font rêver des drames violents, ou tout au moins des tristesses de l'abandon ? Serait-il si ridicule, par exemple, d'imaginer devant cette ruine la présence d'un soldat qui pleure devant la disparition de tout ce qu'il a aimé et de tout ce qu'il croyait retrouver en revenant au pays ? Enfin, n'est-on pas ému devant

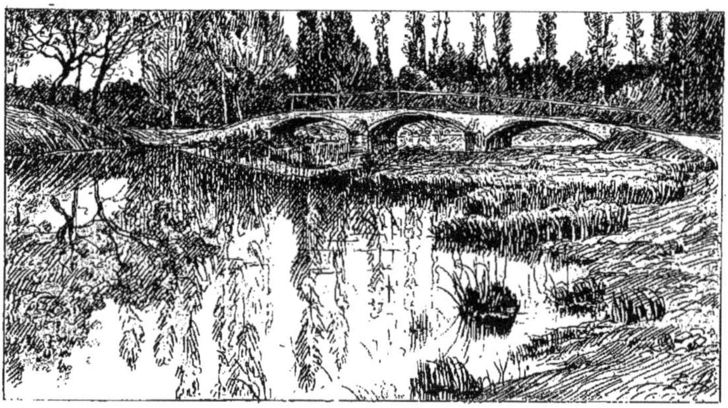

Horizon placé très haut, croquis n° 4.

certains paysages, comme celui d'Adrien Demont, quand il nous montre dans un clair crépuscule au village, une paysanne qui regarde partir son fiancé, lequel de loin, le paquet de hardes sur l'épaule, lui fait un geste de désespoir et d'adieu ? Pourrait-on dire, en raison de la beauté du paysage de ce tableau, que les figures ne sont pas indispensables ? cela est possible, mais peut-on nier qu'elles impressionnent parce qu'elles concourent à l'effet d'ensemble ? qu'elles expliquent une émotion poignante que l'artiste a éprouvée et qu'il ne nous raconterait pas entièrement sans l'aide de ces petites figures ? Elles disent tant de choses, ces figures, que le paysage seul ne saurait préciser; elles sont si bien à leur place et dans leurs proportions relatives, que si l'artiste les enlevait, il resterait toujours une belle impression de paysage, mais l'intérêt du tableau y perdrait beaucoup.

Ce que l'on vient de lire prouve donc que le paysage historique n'était pas si ridicule qu'on se plaît généralement à le dire et qu'il y aurait une mine à exploiter en rajeunissant ce genre démodé, en le modernisant, c'est-à-dire en l'ayant vécu et en traduisant son émotion.

L'idée du paysage historique n'est pas en elle-même malheureuse comme on le voit ; ce qui l'a tué, c'est que ses interprètes n'étaient épris que des belles lignes du dessin et que l'impression, l'heure exacte du jour, les variations de l'atmosphère, ne faisaient pas à cette époque, la plus grande préoccupation du paysagiste ; d'où il suit que la scène représentée ne concordait pas assez avec l'impression du paysage.

A notre époque, quoi qu'en disent beaucoup de critiques, la poésie n'est pas morte en France, les artistes le savent mieux que d'autres, eux qui ne vivent que pour la poésie et ne seraient rien sans elle. Mais le goût s'est transformé, s'est affiné avec l'instruction. Nous admettons moins les non-sens et les licences poétiques, nous voulons de la poésie, mais nous la voulons compatible avec la vérité. Nous avons horreur des anachronismes et des fausses poésies avec des héros qui ne sont pas humains bien qu'on leur donne la forme humaine. En un mot, nous sommes épris de vérité et tout ce qui est faux ne nous intéresse plus. Mais la vie moderne est pleine de poésie et peut fournir des quantités innombrables de sujets de tableaux historiques ; il n'y a qu'à regarder la nature avec des yeux de peintre et une âme d'artiste.

Il nous a paru intéressant de demander à Demont, le peintre de paysages historiques, quels étaient les conseils qu'il croyait utiles de donner aux jeunes peintres qui seraient tentés de s'engager dans cette voie ; voici ce qu'il nous a répondu :

« Je n'ai jamais pu m'expliquer, mon cher ami, pourquoi, dans nos écoles de peinture, on impose aux élèves des sujets d'histoire ; il m'a toujours semblé que ce genre n'étant que la condensation d'études et d'idées, ne pouvait être abordé que par l'artiste devenu homme, bien en possession de lui-même et ayant longtemps peint et compris la nature. En effet, de cette nature, que jeune on copie pour en rendre seulement le côté matériel, se dégage, pour ceux qui continuent à l'approfondir, une sensation qui insensiblement finit par faire germer en eux un idéal. Cet idéal peut être bien différent, mais une fois entrevu, il nous indiquera la voie à suivre. Il nous fera éliminer tout ce qui est inutile, et accentuer tout ce qui est nécessaire à l'expression afin de dégager d'une façon compréhensible le sentiment que nous avons éprouvé et que nous voulons rendre visible et sensible aux autres.

Marchant dans cette voie et la relation intime de nos idées et de la nature étant établie, nous produirons une œuvre qui tiendra nécessairement de nous et de la nature. Dans cette communion, notre âme va se mêler absolument aux idées que cette grande nature nous inspire ; c'est ainsi que voyant le soleil rayonner, il ne nous apparaîtra plus seulement comme l'astre éclairant, mais comme le centre de lumière, comme une personnification intellectuelle, comme un Apollon. C'est ainsi que des fourneaux où fond et coule le métal, une idée d'enfer et de tourments nous viendra. C'est ainsi que notre être exalté engendrera l'œuvre vraiment complète, le tableau historique.

« Adrien Demont. »

On le voit par cette lettre, Demont pense comme nous, qu'il faut d'abord faire beaucoup d'études d'après nature, laquelle comme il le dit « on copie pour en rendre seulement le côté matériel ». Ce n'est que plus tard, lorsque le métier ne préoccupe plus que les idées se font jour et que l'imagination prend son essor. Il est donc indispensable de travailler beaucoup et de faire des études en tout genre pour ne plus être gêné ni arrêté par des difficultés d'exécution. Il en est pour le peintre comme pour le musicien. Comment un musicien pourrait-il composer s'il ne savait à fond le mécanisme de la musique et s'il ne savait parfaitement jouer d'un instrument ? le peintre doit donc connaître à fond le mécanisme et la science de son art, c'est-à-dire le dessin et la perspective.

Il ne faut pas que ceci décourage les commençants qui se diront : s'il faut tant travailler, j'aime mieux ne pas commencer, car cela me semble trop long et trop difficile.

D'abord ce raisonnement prouverait que l'on n'est pas doué, car si l'on a reçu le don en naissant, aucune peine ne pourra faire renoncer à l'art, même si la misère et la mort devaient en résulter.

Et puis, il ne faut pas tout prendre à la lettre, car ce qui est difficile pour les uns, ne l'est pas pour les autres; le travail par lui-même est fort divertissant. L'intérêt toujours nouveau, les difficultés jamais semblables sont des stimulants; enfin les progrès constatés, les petits succès obtenus font patienter jusqu'au jour du triomphe, qui est certain lorsqu'on travaille.

L'abbé Guétal qui fut un peintre de beaucoup de talent et un excellent professeur, avait pour principe de toujours décourager ses élèves, et comme nous lui en manifestions un jour notre étonnement, voici ce qu'il nous répondit : « Il ne faut jamais encourager personne à faire de la peinture, parce que ceux qui ne sont pas organisés ne feront que de mauvais peintres et que les autres, quoi qu'on puisse leur dire feront quand même des artistes. » Le raisonnement ne manque pas de justesse, comme on le voit, néanmoins, il y a tant de natures qui ont besoin d'être encouragées parce qu'elles s'ignorent elles-mêmes, que cette manière de décourager ne doit pas s'appliquer à tous ceux qui manifestent des dispositions pour l'art. L'élève ne peut pas discerner lui-même s'il a, ou non, des dispositions, c'est au professeur à le prévoir; ce qui prouve encore une fois que le professeur est indispensable.

Les panneaux décoratifs. — Il est bien entendu que le peintre paysagiste qui veut exécuter un panneau de paysage ne doit plus peindre comme lorsqu'il veut faire un tableau. Le tableau qui fait très bien quand il est isolé dans un cadre et placé sur un fond de tenture ne serait plus à sa place dans un panneau pour faire l'objet d'un motif de décoration. On voit souvent des paysages placés ainsi; l'inexpérience du peintre, malgré un réel talent, n'aboutit qu'à un non-sens. La décoration est avant tout, un art spécial et ce qui en fait la preuve, c'est que l'on peut être un peintre de beaucoup de talent et un mauvais décorateur, ainsi que nous aurons l'occasion de l'expliquer, quand nous parlerons de la décoration dans la partie qui traitera des figures.

Le paysage décoratif qui est d'ailleurs fort intéressant à peindre, demande une sobriété excessive dans les détails, une grande unité d'effet et une gamme appropriée avec l'ensemble de la décoration dont il doit faire partie. En observant bien ces lois, l'artiste est assuré d'un bon résultat, quel que soit le genre de paysage qu'il veuille représenter; effet du matin, milieu du jour, effet de coucher de soleil, effet de crépuscule, ou effet de nuit. Tout peut être tenté avec succès, pourvu que l'on ait le sentiment décoratif et que l'on pense avant tout à l'effet d'ensemble qui harmonisera les effets les plus divers. Règle générale, il faut peindre clair et que l'exécution soit très simple; le dessin doit être parfait c'est ce qu'il importe avant tout. Tous les motifs de paysages ne sont pas propres à figurer dans une décoration. Si l'effet peut être rendu décoratif par une harmonie savante, il faut que les lignes soient simples et qu'elles établissent des plans qui se silhouettent agréablement; pour qu'une décoration soit belle, il faut donc qu'elle soit déjà assez intéressante par le dessin, que la peinture y ajoute seulement un charme de plus, mais que le trait du dessin soit par lui seul décoratif.

Le paysage décoratif ne doit être peint que par des tons à plat c'est-à-dire sans modeler, d'une valeur savante et mis dans un contour qui sertisse le dessin.

Quand on peint un arbre dans un tableau, la silhouette peut se perdre dans le ciel et les feuilles disparaître totalement sur les contours. Dans le panneau décoratif on ne peut procéder ainsi; l'on doit, tout au contraire, arrêter la silhouette par un trait qui la limite, sous peine de perdre le caractère de la forme. Or, chacun sait que le caractère est le chemin du style et que caractère et style se résument par ces mots : *Dessin et valeurs*.

Corot a peint des petits tableaux qui seraient des motifs décoratifs de premier ordre; il est telles petites toiles qui pourraient être agrandies jusqu'aux proportions les plus vastes, parce qu'elles ont toutes les qualités nécessaires à l'art décoratif, le dessin, les valeurs et la composition du plus beau style.

Pourquoi sommes-nous amené à parler de Harpignies, ici, plutôt qu'ailleurs? nous ne saurions pas le dire d'une manière assez brève et

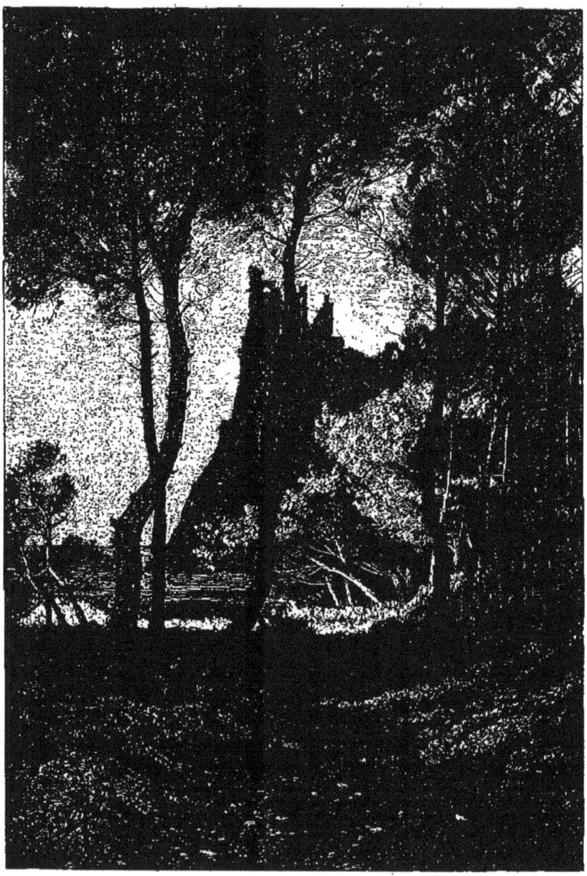

Panneau décoratif.

nous ne l'essaierons pas afin d'éviter des digressions trop longues, toujours est-il que le nom de ce grand maître vient de lui-même se placer sous notre plume quand nous parlons du dessin et du style.

C'est que Harpignies est le maître actuel du paysage, que son art si élevé et si savant continue les traditions de l'école qui fut l'éducatrice des Claude Lorrain, d'Aligny, Corot et Achard, le maître dauphinois dont Harpignies reçut les excellents conseils. La forme châtiée, comme la cherche Harpignies, c'est le style, c'est ce qui distingue le maître du peintre habile, de l'exécutant adroit qui ne voit que le petit côté de l'art, la petite fleur ou la jolie branche et sacrifie à ces inutilités, l'élévation du sujet, le style. Que de peintres se contentent de ces bagatelles et mettent tout leur savoir à de patientes difficultés, qui, montrant l'adresse de l'ouvrier, font voir des calligraphes, mais non des penseurs. Combien d'autres, aussi très habiles, se contentent d'un à-peu-près, d'une pochade plus ou moins jolie de couleur et s'en déclarent satisfaits, oubliant volontairement qu'il faut aller plus loin pour être un maître. Comme l'a si bien défini Charles Blanc dans l'*Histoire des peintres :* « Les peintres qui, pour saisir la physionomie du modèle, n'ont besoin que d'une attention très superficielle, d'un simple coup d'œil, sont condamnés par leur facilité même à ne voir que les surfaces et à s'en tenir à cette vraisemblance banale qui satisfait le gros du public, mais ceux qui ne peuvent comprendre la nature, sans la regarder longtemps, ceux qui mûrissent leurs observations et prolongent leurs études, ceux-là sont largement récompensés de leurs peines ou plutôt de leurs efforts, car ici, la peine est un plaisir, et quelquefois, ils arrivent au style par une autre voie.

« Le style c'est l'art d'envisager les choses par leur grand côté qui est le plus simple, et de les idéaliser ainsi, en supprimant les détails insignifiants ou accidentels pour s'attacher aux traits significatifs et permanents. »

Les paysages que nous montre Harpignies sont des sites que la nature lui a suggérés, mais qu'un autre n'aurait pas su voir, car pour comprendre les beautés idéales, il faut être un maître. « L'idéal, dit Charles Blanc, n'est rien autre que l'essence, c'est-à-dire la mise en relief des qualités essentielles de la nature à leur plus haute puissance. »

Nous avons demandé à Harpignies quels étaient les conseils qui lui semblaient les meilleurs pour guider les jeunes artistes qui cherchent leur voie, et nous avons eu le plaisir et l'honneur d'obtenir une très intéressante réponse du maître. Elle sera d'une très grande utilité à ceux qui voudront écouter les conseils qu'elle contient ; élèves ou artistes, tous y puiseront un enseignement d'une valeur incontestable, basée sur une science profonde et un idéal d'art qui font de ce maître un des plus grands paysagistes modernes; voici cette lettre :

« J'ai eu le bonheur de connaître un des plus grands artistes de ce siècle, M. Corot. Il m'aimait beaucoup, s'intéressait à mes débuts, et j'ai pu bien souvent causer avec lui et apprécier la justesse de ses raisonnements concernant l'art. Je découvris un jour, les mots suivants qu'il avait écrits, je ne sais à quelle occasion et je ne sais où. Ils font l'ornement de mon atelier et sont placés au-dessus d'un autographe de ce grand artiste, autographe qui me concerne :

« Dans la carrière d'artiste, il faut confiance, conscience et persévé-
» rance. Ainsi armé, les deux choses à mes yeux de la dernière impor-
» tance, sont l'étude sévère du dessin et des valeurs. »

« Voilà qui est d'une parfaite justesse et résume en quelques lignes tout l'art de la peinture.

« Vous me demandez maintenant quelques lignes sur la façon dont la jeunesse doit comprendre la nature et quelles sont les principales qualités qu'un jeune artiste doit s'efforcer d'acquérir.

« Voilà où vous m'embarrassez, car sur cette question on pourrait écrire plusieurs volumes. Je vais résumer cependant, et voilà en peu de mots ce que je pense.

« Comme le dit Corot, le dessin passe en première ligne et j'engage les jeunes à le travailler énormément, ce qui devient aujourd'hui de plus en plus rare, car hélas on ne dessine plus.

« Le carton à dessin avec la demi-feuille de papier Ingres est du vieux jeu, la boîte à couleurs avant tout, et Dieu sait quels épinards elle renferme. C'est désolant ! mais c'est comme cela. L'école du paysage de nos jours a abandonné les belles traditions et donne *fort peu* de belles choses. On ne se préoccupe plus du tout de la forme, de la belle forme, du beau caractère, en un mot, on oublie et je l'ai écrit, il y a bien des années, en 1886. Je copie :

« Quand, dans vos promenades, un sujet vous frappe dans la nature, on oublie trop souvent que ce sujet n'a pas de limites, et que votre papier en a, — donc, et vous en conviendrez avant d'avoir donné le plus petit coup de crayon, une grande difficulté se présente, c'est de savoir la proportion que vous allez donner à l'objet ou aux objets qui vous ont frappé, — et vous devez par un trait créer un jalon — je ne trouve pas d'autre mot. Il sera horizontal ou vertical. Peu importe. Eh bien, ce jalon est *tout*, il est le guide de votre composition, — il est bon, médiocre ou mauvais. — Je répète que le placement de ce jalon est une difficulté — la première de l'œuvre que vous allez entreprendre ; il indique votre goût, votre manière de voir un motif dans la nature. — Je le répète, il est *bon*, *médiocre*, ou *mauvais*.

« Ceci dit, je me rappelle qu'à l'époque où j'avais un cours, je disais souvent à mes élèves : Deux heures à dépenser devant la nature. Une heure trois quarts pour le dessin, afin de le bien proportionner, un quart d'heure pour peindre.

« C'est un peu exagéré, j'en conviens, mais le fond est vrai. C'est tout le contraire que l'on fait.

« Je ne puis assez répéter à la jeunesse que le dessin est la base de tout. J'entends par le dessin, le caractère, le sentiment du beau par la forme, et je termine en disant que vous savez comme moi, que dans l'art, il y a beaucoup d'appelés et peu d'élus. Vous savez aussi comme moi, que dans l'*art*, bien des choses peuvent s'apprendre, mais ce qui ne peut s'acquérir, et qui est le secret de Dieu, c'est l'étincelle qu'il vous donne en naissant.

« Un mot encore sur cette rage actuelle de faire des tableaux d'après nature. Je vois des jeunes gens traîner des toiles d'un mètre cinquante sur leur dos, au besoin sur des chevalets à roulettes, et s'en aller tout heureux s'installer *sur* nature, comme ils disent.

« Absurde ! Absurde ! Absurde ! Car si la nature pouvait parler, elle se ficherait joliment d'eux, en leur jetant à la tête leurs verts épinards et leur gachis de couteau à palette.

« La nature est faite pour servir d'étude, et quand on sait, après l'avoir consultée souvent, on rentre chez soi et l'on fait des œuvres. »

A la fin de la lettre si intéressante que l'on vient de lire, Harpignies nous parle de son maître Jean Achard, le paysagiste dauphinois, dont le musée du Luxembourg possédait autrefois une fort belle œuvre. Ces dernières lignes nous paraissent devoir intéresser tous ceux qui s'occupent d'art ; les voici :

« Il ne faut pas que j'oublie de vous dire que vous êtes dans le pays d'un homme que j'ai bien aimé et qui était un fameux artiste, le peintre Jean Achard. Je lui suis toujours bien reconnaissant d'avoir fait savoir à mon regretté père que j'étais organisé pour faire de l'art, et qu'il fallait me laisser suivre cette carrière. C'est lui, qui, par ses bons conseils, m'a sorti de l'ornière, et m'a conseillé aussi, en 1850, de me rendre en Italie dont j'ai compris la grande poésie et dont le souvenir ne me quitte *jamais*. « H. HARPIGNIES. »

Nous voici bien loin des panneaux décoratifs dont nous parlions au début de ce chapitre et que nous retrouverons plus tard, en parlant des figures décoratives. Nous aurons d'ailleurs peu de choses à ajouter pour ce qui concerne les panneaux de paysages.

Il y aurait encore bien des choses à dire sur la peinture de paysage ; dans la partie de cet ouvrage traitant des *marines*, nous aurons encore à parler des effets de tous genres que donnent le ciel et l'eau. On retrouvera aussi différents conseils sur le paysage, quand nous parlerons des figures et des animaux en plein air.

Terminons en disant que le courage, la patience et la persévérance, principalement cette dernière, sont les trois qualités les plus indispensables à la réussite. Corot n'a-t-il pas dit aussi : « *Un tiers pour l'aptitude et deux tiers pour le travail sont des proportions suffisantes pour faire un peintre.* »

TABLE DES PLANCHES HORS TEXTE

TABLE DES MATIÈRES

ÉVREUX, IMPRIMERIE DE CHARLES HÉRISSEY

ÉVREUX, IMPRIMERIE DE CHARLES HÉRISSEY

www.ingramcontent.com/pod-product-compliance
Ingram Content Group UK Ltd.
Pitfield, Milton Keynes, MK11 3LW, UK
UKHW031846260826
14628UKWH00002B/614

9 782019 725839